MERIAN *live!*

Edinburgh

Katja Wündrich lebt in Edinburgh. Sie arbeitet als Autorin und Reiseleiterin und hat 2007 die Reiseagentur »Wind & Cloud Travel« für Wander- und Whiskyreisen nach Schottland gegründet.

 Familientipps
 Diese Unterkünfte haben behindertengerechte Zimmer

Preise für ein Doppelzimmer mit Frühstück:

€€€€ ab 250 £   €€ ab 60 £
€€€ ab 120 £   € bis 60 £

Preise für ein dreigängiges Menü ohne Getränke:

€€€€ ab 30 £   €€ ab 15 £
€€€ ab 20 £   € bis 15 £

Inhalt

Willkommen in Edinburgh 4

MERIAN-TopTen
Höhepunkte, die Sie sich nicht entgehen lassen sollten............ 6

MERIAN-Tipps
Tipps, die Ihnen die unbekannten Seiten der Stadt zeigen.......... 8

Zu Gast in Edinburgh 10

Übernachten 12
Essen und Trinken 16
grüner reisen 24
Einkaufen 28
Am Abend 34
Im Fokus – Schottischer Whisky 40
Feste und Events 42
Familientipps 46

◄ Calton Hill (► S. 53) ist einer der sieben
Hügel, auf denen Edinburgh erbaut wurde.

Unterwegs in Edinburgh 50

Sehenswertes.. 52
Von Calton Hill und Edinburgh Castle über
den Grassmarket bis zur Royal Mile

Museen und Galerien.. 68
Vom Georgian House über die National Galleries of Scotland und
das National Museum of Scotland bis zum Writer's Museum

Spaziergänge und Ausflüge 76

Spaziergänge
Aufstieg auf den Arthur's Seat 78
Von der New Town zum Water of Leith... 80
Cramond und River of Almond... 82
Ausflüge
South Queensferry 84
Glenkinchie Distillery 85
Rosslyn Chapel und Country Park 87
St. Andrews 88
Stirling und Trossachs National Park 89

Wissenswertes über Edinburgh 90

Auf einen Blick 92	Kartenlegende 107
Geschichte 94	Kartenatlas................... 108
Sprachführer Englisch..........96	Kartenregister................ 120
Kulinarisches Lexikon 98	Orts- und Sachregister 126
Reisepraktisches von A–Z 100	Impressum 128

✴ Karten und Pläne

Edinburgh ....Klappe vorne
Schottland..............Klappe hinten
Kartenatlas 107–119

Die Koordinaten im Text verweisen auf die
Karten, z. B. ► S. 108, B 3.

Extra-Karte zum Herausnehmen............................ **Klappe hinten**

Willkommen in Edinburgh
Die schottische Hauptstadt begeistert mit ihrem imposanten UNESCO-Weltkulturerbe jedes Jahr Tausende Besucher.

Wer mit dem Flugzeug nach Edinburgh anreist, kann wohl am besten die spektakuläre Lage der Stadt ausmachen. Aus der Vogelperspektive scheint der Firth of Forth, ein von Eiszeitgletschern geformter Nordseefjord, die Hauptstadt und die umliegenden Lowlands zu dominieren. Zwischen dem 70 km langen Meeresarm im Norden und dem Gebirgszug Pentland Hills im Süden nistet Edinburgh wie Rom auf sieben Hügeln. Rührend und imposant hockt die Altstadt auf einem Lavapfropfen, und auf der Burg, die über allem thront, flattern die Schottlandfahnen und Möwen im ruppigen Nordseewind. Da sind die Gassen und alten Kopfsteinpflaster der Old Town, über die man sich entzückt, die Greifbarkeit ihrer Vergangenheit, die Romantik und Theatralik ihrer Geschichten. Da fasziniert das architektonische und städtebauliche Meisterwerk der New Town. Und da lockt die kulturelle Vielfalt der Stadt mit ihrer Fülle an Galerien und Museen, Veranstaltungen und Festivals.

Eine der schönsten Städte

Die Besucher, die besonders im Sommer zu Tausenden am Flughafen landen, werden vor allem von den historischen Stätten angezogen: Sowohl die mittelalterliche Old Town als auch die georgianisch-elegante

◄ Vom schroffen Felsen des Arthur's Seat (► S. 78) im Holyrood Park hat man die ganze Stadt im Blick.

New Town zählen zum UNESCO-Weltkulturerbe. Edinburgh gehört zweifellos zu den schönsten Städten Europas, was natürlich nicht immer so war. Was uns heute romantisch und malerisch erscheint, präsentierte sich noch im 18. Jh. als dunkler, stinkender und erbärmlicher Ort. Als nach der industriellen Revolution dann aber aus einem der ärmsten Länder Europas, das Schottland bis dato war, ein zwar nicht reicher, aber dennoch gut situierter Teilstaat wurde, blühte auch die schottische Hauptstadt auf. Bis heute ist Edinburgh Schottlands Zentrum für Bildung und Justiz, Forschung und Lehre. Die Universität gilt als eine der führenden Eliteanstalten Großbritanniens und lockt Tausende Studenten aus dem In- und Ausland an. Studierende und Migranten aus aller Herren Länder machen das multikulturelle, offene Flair der Stadt aus. Den Kriegen nahezu unversehrt entkommen, sind Edinburghs Prachtbauten und Altstadtgassen heute Teil des Weltkulturerbes, und die Stadt ist inzwischen an Wohlstand, Schönheit und Bewunderung gewöhnt.

Hohe Lebensqualität

Für die Bewohner ist Edinburgh natürlich mehr als seine hübschen Fassaden. Edinburgh ist eine Stadt zum Wohlfühlen und rangiert in punkto Lebensqualität und Atmosphäre unter den britischen Städten auf Platz eins. Die Hauptstadt Schottlands ist die am meisten prosperierende Stadt in Großbritannien, deren Einwohner zu mehr als einem Drittel hochqualifizierte Abschlüsse haben und zu 90 % im Dienstleistungssektor angestellt sind. Vom nüchternen stadtplanerischen Blickwinkel aus betrachtet hat die Stadt einen Kern, ein Zentrum, einen übersichtlichen und lebendigen Mittelpunkt, der Einheimische und Besucher gleichermaßen anzieht – zum Arbeiten, Einkaufen, Ausgehen – und einen bleibenden Eindruck hinterlässt.
Lediglich ein Viertel der Einwohner sind allerdings waschechte Edinburgher. Der Rest sind Zugezogene aus England, Australien und Kanada, aus Asien, Spanien, Frankreich, Osteuropa und auch Deutschland. Vor allem die Polen machen seit der EU-Osterweiterung mit 30 000 Menschen die mittlerweile größte ausländische Gemeinschaft aus.

Das Meer ist greifbar nah

Edinburgh hat alle Vorteile einer Stadt und wird gleichzeitig nicht überwältigt und erdrückt von ihrer Urbanität. Der Verkehr bewegt sich bedächtig durch die Straßen. Man hört die Möwen und riecht die Nähe zum Meer. Durch die überschaubare Größe scheint sich überall Horizont aufzutun, und auf der Straße erkennt man die Gesichter wie in einer Kleinstadt wieder. Verwundert es da, dass die Zufriedenheitsrate der Einwohner mit 92 % höher liegt als in jeder anderen europäischen Metropole?
Vor der Stadt lädt die Landschaft zu Bootsausflügen, zum Wandern und Golfen ein. Die weißgewaschenen Küsten der Nordsee und das sanft hügelige Farmland sind das Zuhause einiger der berühmtesten, ältesten und – wenn man den Championchip-Profis Glauben schenken darf – besten Golfplätze der Welt.

MERIAN-TopTen

MERIAN zeigt Ihnen die Höhepunkte der Stadt: Das sollten Sie sich bei Ihrem Besuch in Edinburgh nicht entgehen lassen.

1 Calton Hill
Herrliche Rundumblicke aus der Vogelperspektive genießt man von diesem direkt im Stadtzentrum gelegenen Aussichtsberg (▸ S. 53).

2 Edinburgh Castle
Die Burganlage thront auf Vulkangestein und ist ein Muss für alle Fans der schottischen Geschichte (▸ S. 54).

3 Grassmarket
Am Marktplatz wurden einst Verbrecher gehenkt. Heute kann man herrlich bummeln, essen und trinken (▸ S. 56).

4 Holyrood Palace
Im Palast der Königsfamilie betritt man in einem Turm über eine schmale Wendeltreppe die Schlafgemächer von Maria Stuart (▸ S. 58).

5 Royal Botanic Garden
Der bereits 1670 gegründete botanische Garten beherbergt heute 34 000 verschiedene Pflanzen (▸ S. 64).

6 Royal Mile
Der prächtige Boulevard verbindet als Rückgrat der Altstadt die Burganlage mit dem Königspalast (▸ S. 64).

 Royal Yacht Britannia
Die königliche Jacht liegt seit 1997 permanent im Hafen von Leith vor Anker und bietet einen Einblick in das Leben der Königsfamilie (▶ S. 65).

 Scottish Parliament
Das schottische Parlament entspringt dem tiefen Wunsch nach Eigenständigkeit und tagt in einem eindrucksvollen modernen Gebäude (▶ S. 66).

 National Galleries of Scotland
Schottlands größte Sammlung europäischer Kunst von der Renaissance bis zum Post-Impressionismus (▶ S. 70).

 National Museum of Scotland
Das als postmoderne Burg entworfene Museum dokumentiert die Landesgeschichte von der Vorzeit bis zur Gegenwart (▶ S. 71).

MERIAN-Tipps Mit MERIAN mehr erleben.

Nehmen Sie teil am Leben der Stadt und entdecken Sie die unbekannten Seiten Edinburghs.

Grassmarket Hotel
Das neu eröffnete und trendig durchgestylte Haus liegt direkt am geschäftigen Grassmarket (▶ S. 15).

The Ship on the Shore
Das Fischlokal am Hafen von Leith serviert frische Austern, Muscheln, Krabben, Hummer und Fisch in gemütlichem Ambiente (▶ S. 18).

Holyrood 9a
Während im Kamin das Holzfeuer knistert, werden die besten Burger der Stadt aufgetragen (▶ S. 21).

Cadenhead's
Dieses altmodische und etwas staubige Juwel eines Whiskyladens hat Authentisches zu bieten (▶ S. 33).

The Bow Bar
Die kleine, rustikale Kneipe führt die beste Auswahl an Single Malts zu unprätentiösen Preisen (▶ S. 35).

Ceilidhs
Bei den schottischen Tanzabenden mit Folk-Bands wird ausgelassen getanzt, gestampft, geklatscht und getrunken (▶ S. 39).

 Burns Supper
Am 25. Januar feiern die Schotten den Geburtstag ihres Nationalbarden Robert Burns mit Haggis, Neeps & Tatties (▶ S. 43).

 Feis na Gàidhlig
Das kleine, intime Festival zelebriert die Schönheit der gälischen Kultur (▶ S. 44).

 North Berwick & Scottish Seabird Centre
Weiße Sandstrände und Tausende von Meeresvögeln findet man in der Nachbarstadt North Berwick (▶ S. 47).

 Shopping am Grassmarket
In der Victoria Street und am Grassmarket ist für jeden etwas dabei: Wein- und Spirituosen, alternative Schneider, Cresser's Besenladen oder Mellis Käsehändler (▶ S. 56).

Am Grassmarket (▶ S. 56) reiht sich ein Pub ans andere. Dazwischen originelle Läden, und während des Edinburgh Festivals wird der Platz zur großen Bühne.

Zu Gast
in Edinburgh

Ob Bed & Breakfast oder aristokratischer Stadtpalast, uriges Pub oder Gourmettempel: Die Auswahl ist groß, und die schottische Gastfreundschaft gehört stets dazu.

Übernachten
Herrenhäuser, trendige Boutique-Hotels und familiengeführte B&B-Pensionen – die ganze Bandbreite an Unterkünften lädt zum Verweilen ein. Zur Festivalzeit sollte man jedoch rechtzeitig reservieren.

◄ Elegant, luxuriös und alles andere als gewöhnlich: das Prestonfield House (► S. 13) in einer Villa aus dem 17. Jh.

Wie bei einem Besuchermagnet wie Edinburgh nicht anders zu erwarten, ist die Fülle an Unterkünften groß, die Häuser sind oft kostspielig. Mit bis zu fünf Sternen werden sie je nach Ausstattung klassifiziert. So manches lieblose Low-Budget-Hotel, in dem sich ganze Busladungen an Touristen über fehlende Duschen mokieren, würde hierzulande mindestens einen seiner drei Sterne verlieren. Ab vier Sternen kann man sich in Sachen Qualität und Service sicher sein. Trotz enormer Bettenkapazität kommt es im Sommer häufig zu Engpässen. Gerade während der Festivals im August ist die Stadt bis zur letzten Dachkammer ausgebucht. Die Preise werden entsprechend angezogen, bisweilen sogar verdoppelt. Dann sollte man frühzeitig auf Quartiersuche gehen.
Wer sich gern auf Tuchfühlung mit den Einheimischen begibt, kann sich in einer der vielen **Bed & Breakfast-Pensionen** (B&B) einquartieren. Verstreut in allen Stadtteilen bieten Familien und Privatpersonen in ihren Wohnungen und Häusern preiswerte Gästebetten an. Während die B&Bs auf dem Land meist familiär geführt sind, gleichen sie in Edinburgh in ihrer Geschäftigkeit und Professionalität oft einem kleineren Hotel. Zwischen 30 und 60 £ pro Nacht zahlt man in der Regel pro Person, aufgestellte Schilder weisen auf »vacancies« (freie Zimmer) hin.

Preise für ein Doppelzimmer mit Frühstück:

€€€€ ab 250 £   €€ ab 60 £
€€€ ab 120 £   € bis 60 £

HOTELS €€€€
Prestonfield House ► S. 118, A 23

Aristokratische Extravaganz • Abseits vom städtischen Rummel grasen auf dem Anwesen Hochlandkühe, krächzen Pfaue zur Morgenstunde. James Thomson hat das ausgefallene Anwesen aus dem 17. Jh. in eines der opulentesten Hotels von Schottland verwandelt. Das Restaurant **Rhubarb** wurde mehrfach ausgezeichnet.
Prestonfield • Priestfield Road • Bus: Clearburn Cresent • Tel. 6 68 33 46 • www.prestonfield.com • 22 Zimmer • €€€€

HOTELS €€€
The Channings ► S. 110, A 8

Ein Hort der Ruhe • Angenehme und exquisite Bleibe in den historischen Gemäuern eines Stadthauses im West End mit edler Badausstattung und durchweg eleganter Einrichtung in den Zimmern. Ergänzt durch ein Gourmetrestaurant und einen Wellnessbereich garantiert das Haus einen Hauch von Luxus.
New Town • South Learmonth Gardens • Bus: Learmonth Terrace • Tel. 3 15 22 26 • www.channings.co.uk • 41 Zimmer • €€€

The Howard ► S. 110, C 8

Klassische Eleganz • Das georgianische Townhouse Hotel ist luxuriös, servicebeflissen und diskret. Ein persönlicher Butler erfüllt fast jeden Wunsch. Kein Zimmer ist identisch in Größe und Form, gemeinsam sind die antiquierten Bakelittelefone und plüschigen Accessoires. Zentral und doch ruhig im Herzen der New Town.
New Town • 34 Great King St. • Bus: Great King Street • Tel. 5 57 35 00 • www.thehoward.com • 18 Zimmer • €€€

ZU GAST IN EDINBURGH

Le Monde ▶ S. 116, C 17

Trendig • »Inhaliere das Leben« so lautet das Motto des schicken Boutique-Hotels, das mit dem Stöckelschuh-Hedonismus und Business-Style der Ausgehmeile George Street stimmig harmonisiert. Jedes der 18 Zimmer ist individuell nach dem Flair einer Weltstadt gestaltet. »New York« etwa versprüht das Ambiente eines klassischen Manhattan-Loft-Apartments, während im Zimmer »Paris« die Ornamente über die burgundrote Tapete wirbeln.
New Town • 16 George St. • Bus: The Dome • Tel. 2 70 39 00 • www.lemonde hotel.co.uk • 18 Zimmer • ♿ • €€€

Royal Terrace Hotel ▶ S. 111, E 8

Ruheoase • Die ideale Wohnadresse mitten in der Stadt: nur fünf Gehminuten zur Princes Street und doch in einer ruhigen Seitenstraße am Carlton Hill versteckt. Ein solides Vier-Sterne-Hotel mit entsprechenden Annehmlichkeiten.
Abbeyhill • 18–22 Royal Terrace • Bus: Brunswick Road • Tel. 5 57 32 22 • www.primahotels.co.uk/royal • 107 Zimmer • €€€

HOTELS €€

Dunstane House Hotel
▶ S. 115, F 14

Viktorianische Gastlichkeit • Ausgefallene Tapeten, samtige Vorhänge und Himmelbetten zeichnen die meisten Zimmer dieses kleineren viktorianischen Hotels am Rand des Zentrums aus. Der »Large Deluxe Room« ist besonders schön. An sonnigen Tagen kann man zwischen herrlichen Blumenrabatten im Garten sitzen, und die Bar kann mit ihren 90 Single Malts Whiskyliebhaber einen ganzen Abend lang unterhalten. Roseburn • 4 West Coates • Bus: West Coates • Tel. 3 37 61 69 • www.dunstane-hotel-edinburgh.co.uk • 19 Zimmer • €€

Rick's ▶ S. 116, C 17

Geschmackvoller Komfort • Trendiges Boutique-Hotel direkt im Zentrum. Exzellente Bäder, Walnussinterieur, viele Kissen und kuschelige Angoradecken machen die Zimmer zu gemütlichen Oasen im stürmisch-lauten Fahrwasser der New Town.
New Town • 55a Frederick St. • Bus: Hill Street • Tel. 6 22 78 00 • www.ricks edinburgh.co.uk • 10 Zimmer • €€

B & B

7 Gloucester Place ▶ S. 110, B 8

Komfort rundherum • Nur 10 Min. von den Cafés und Restaurants der George Street entfernt, kann man hier beruhigt alle Häkchen für ein gutes B&B setzen. Eine prachtvolle, kuppelbeleuchtete Treppe führt zu gemütlichen, komfortablen Unterkünften mit klassischem Touch. Nr. 2 hat Zugang zu einem Originalbadezimmer aus den Dreißigerjahren mit senffarbenen und schwarzen Fliesen.
Stockbridge • 7 Gloucester Pl. • Bus: Circus Place • Tel. 0 78 03/16 81 06 • http://stayinginscotland.com • 3 Zimmer • €€

14 Hart Street ▶ S. 111, D 8

Stadtvilla • In diesem New-Town-Stadthaus residiert der Geist der Vornehmheit des alten Edinburgh. Die Zimmer sind ruhig, verschwenderisch geräumig und komfortabel bestückt. Ein Dekanter mit Whisky und zwei kleine Flaschen Wein laden zum Entspannen und Fabulieren ein. Die Frühstückstafel aus dunklem Holz im georgianischen Esszim-

mer ist schlichtweg fürstlich. Hier ist der Gast noch wirklich König.
New Town • 14 Hart St. • Bus: Forth Street • Tel. 5 57 68 26 • www.14hart st.com • 3 Zimmer • €€

Number Ten London Street ▶ S. 110, C 8

Geschichtsträchtig • Pippa and Hugh Lockhart vermieten in ihrem georgianischen Stadthaus zwei noble, geschichtsträchtige Zimmer. Die hohen Räume zieren Originalbilder der Familienhistorie aus dem 18. und 19. Jh. Die Literatur der Vorfahren lädt zum Schmökern ein.
New Town • 10 London St. • Bus: Leopold Place • Tel. 5 56 07 37 • www.londonstreetaccommodation.co.uk • 2 Zimmer • €€

The Sandaig ▶ S. 111, F 7

Mit einem Whiskylikör wird man in diesem viktorianischen Gästehaus willkommen geheißen. Mit mehr Charme als in jedem Boutique-Hotel sind die Zimmer in frischen Farben dekoriert und mit vielen Annehmlichkeiten wie flauschigen Bademänteln ausgestattet. Der morgendliche Porridge wird mit Sahne und Ahornsirup serviert, gefolgt von Käseomelettes und Croissants.
Leith • 5 East Hermitage Pl. • Bus: Hermitage Place • Tel. 5 54 73 57 • www.sandaigguesthouse.co.uk • 9 Zimmer • ♿ • €€

HOSTELS

High Street Hostel ▶ S. 117, D 17

Urig & Budget • Eine Institution in Edinburgh und nicht nur wegen seiner Lage auf der High Street bei Reisenden aus der ganzen Welt beliebt. Sympathischer Umgangston, lockere und entspannte Atmosphäre.

MERIAN-Tipp

GRASSMARKET HOTEL ▶ S. 117, C 17

Nach langem Mauerblümchendasein hat das Hotel am quirligen Grassmarket einen neuen Besitzer: die trendige Glasgower G1 Group, die einige der mondänsten Clubs und Restaurants in Schottland besitzt. Das Design hebt sich kontrastreich von den typischen Altstadthotels ab: Comic-Tapeten, Metallmöbel und spleenige Accessoires ziehen ein stylisches Publikum an. Und auch das Schwesterhaus **Central Hotel** gleich um die Ecke steht dem Grassmarket Hotel in Sachen Trend in nichts nach.
Oldtown • 94–96 Grassmarket • Bus: Grassmarket • www.thegrassmarkethotel.co.uk • Tel. 2 20 22 99 • 44 Zimmer • €€

In der urgemütlichen Lounge in den 470 Jahre alten Gemäuern kann man Klavier oder Pool spielen.
Old Town • 8 Blackfriars St. • Bus: Royal Mile • Tel. 5 57 39 84 • www.highstreethostel.com • 25 Zimmer • €

Smartcity Hostel ▶ S. 117, D 17

Smarte Alternative • Im Cowcate, Edinburghs Tor zur Unterwelt, will dieses quirlige Fünf-Sterne-Hostel so hotelähnlich wie möglich sein und dabei doch Hostel bleiben. Neben den Schlafsälen gibt es auch Doppelzimmer mit durchdachten Einrichtungen sowie eine Küche, Bar, Lounge und ein Selfservice-Lokal.
Old Town • 50 Blackfriars St. • Bus: Royal Mile • Tel. 5 24 19 89 • www.smartcityhostels.com • 630 Zimmer • ♿ • €

Essen und Trinken
Edinburghs Gastronomieszene ist ausgesprochen vielfältig und international. Umgeben von einer intakten Natur prägt die schottische Küche vor allem auch die Frische der delikaten Zutaten.

◀ In traditionellen Pubs (▶ S. 20) wird noch frisch gezapftes Fassbier regionaler Brauereien ausgeschenkt.

Im multikulturellen Edinburgh gibt es nicht nur traditionell schottische, sondern eine kaum überschaubare Anzahl an internationalen Restaurants. Aber keine Scheu: Auch die schottische Küche ist mittlerweile besser als ihr Ruf in Mitteleuropa. Die üppige, delikate Kost hatte zumindest in der wohlhabenden Oberschicht schon in früherer Zeit Tradition. Dort bestimmte seit dem Mittelalter die »Auld Alliance« zwischen Schottland und Frankreich, was auf die schottischen Teller kam. Die Berge, Wälder, Flüsse und Meere in Schottland sind so wild- und fischreich, dass die Besonderheit der Küche bis heute vor allem in der Frische und Qualität ihrer Zutaten besteht. Reb- und Sumpfhühner, Fasane aus dem Moorland, Hirsch- und andere Wildspezialitäten genießen einen grenzüberschreitenden Ruf. Auf den Weiden grasen Schafe und saftige Angus-Rinder, die in den Feinschmeckerrestaurants, aber auch in einfachen Pubs die Zutaten delikater Fleischgerichte darstellen. Die zahlreichen Fischrestaurants vor allem am Hafen bieten fangfrische Meeresfrüchte wie Krabben, Austern, Muscheln und Hummer an.

Das »Full Scottish Breakfast« führt in Sachen Reichhaltigkeit die Spitze der britischen Frühstücksbuffets an. Während Fruchtsaft, Cerealien und Porridge, ein mit Wasser und Salz aufgekochter Haferflockenbrei, dem nüchternen Magen schmeicheln, runden Toast mit gesalzener Butter, Marmelade, Tee oder Kaffee das Drei-Gänge-Zeremoniell ab. Den Hauptgang bilden schließlich Spiegeleier, Würstchen, Bohnen und Schinken, Pilze, Tomaten und Blutwurst.

Preise für ein dreigängiges Menü:
€€€€ ab 30 £   €€ ab 15 £
€€€ ab 20 £   € bis 15 £

FISCH

Loch Fyne Oyster Bar ▶ S. 110, C 5
Frische Austern • In das alte Heimatmuseum im Stadtteil Newhaven ist kürzlich Schottlands berühmteste Fischrestaurantkette eingezogen. Es gibt fangfrische Austern und Meeresfrüchte von der Westküste.
Newhaven • 25 Pier Pl. • Bus: Fishmarket Square • Tel. 5 59 39 00 • www.lochfyne-restaurants.com/restaurants/edinburgh • Mo–Do 11.30–22, Sa 9–23, So 9–22 Uhr • €€

L'Alba D'Oro ▶ S. 110, C 8
Fish 'n' Chips • Zahlreiche Auszeichnungen zeugen davon, dass Filippo Crolla hier seit über 30 Jahren die definitiv besten Fish & Chips frittiert. Die in Bierteigpanade gebackenen Weißfische sind nicht nur in England, sondern auch in Schottland beliebt. Das klassische Takeaway wird im Auto, auf Parkbänken oder auch einfach nur im Stehen genossen. Sogar Marsriegel und Pizza werden in der Fritteuse »verfeinert«.
New Town • 5–7 Henderson Row • Bus: Perth Street • Tel. 5 57 25 80 • www.lalbadoro.com • So–Mi 17–23, Do–Sa 17–24 Uhr • €

INDISCH

Kalpna's ▶ S. 117, D 18
Indisch für Vegetarier • Ein kulinarischer Himmel für Vegetarier, die es Indisch mögen. Variantenreiche

Currygerichte aus dem Punjab, Gujurat und Südindien zu äußerst günstigen Preisen. Die Speisekarte enthält einige der besten vegetarischen Currygerichte Großbritanniens. Lunchbuffet für 8 £. Chefkoch Ajay Bhartdwaj gibt auch Kochkurse.
South Side • 2–3 St. Patrick Square • Bus: Surgeons Hall • Tel. 6 67 98 90 • www.kalpnarestaurant.com • Mo–Sa 12–14, 17.30–22.30, So (Mai–Sept.) 18–22.30 Uhr • €€

Khushi's ▶ S. 111, D 8
Alteingesessener Inder • Riesige Kristallüster und Bollywood-Glamour im ältesten indischen Restaurant von Schottland. 1935 ging Mr. Kushi aus Jalandhar in Edinburgh an Land. Seitdem werden hier indische Gerichte unterschiedlichster Geschmacksrichtungen extravagant zusammengestellt und stilsicher zubereitet. Anstelle von Alkohol werden frisch gepresste Fruchtdrinks ausgeschenkt, da die Besitzer Muslime sind. Besonders der Minzdrink mit Gurke ist empfehlenswert, Wein und Bier dürfen mitgebracht werden.
Abbeyhill • 10 Antigua St. • Bus: Elm Row • Tel. 2 20 00 57 • www.khushis.com • Mo–Sa 12–23, So 12–22 Uhr • €€

INTERNATIONAL
Cafe Andaluz ▶ S. 116, C 17
Tapas & Co. • Der Ableger des erfolgreichen Restaurants in Glasgow steht seinem Ruf auch in Edinburgh in nichts nach. Maurische Fliesen und Lampions runden die spanische Maskerade ab. Auf den Tisch kommen klassische Tapas wie Tortilla, Escalivada, Carrillada de Cerdo und eine interessante Auswahl an Paellas.
New Town • 77B George St. • Bus: Dome • Tel. 2 20 99 80 • www.cafeandaluz.com • Mo–Sa 12–22, So 12.30–22 Uhr • €€

La Favorita ▶ S. 111, E 7
Beste Pizza • Das geschäftige Kneten und Falten der Pizza ist das Erste, was man beim Betreten sehen kann. Unwiderstehliche Gerüche kommen aus dem Holzofen, hinter der Glastheke präsentieren sich Käse, Oliven und kaltes Fleisch im besten Licht. Im modernen Ambiente wird die angeblich beste Pizza in Edinburgh serviert – mit dünnem, knusprigem Boden und qualitativ hochwertigem Belag.
Leith • 325–331 Leith Walk • Bus: Pilrig Street • Tel. 5 54 24 30 • www.vittoriagroup.co.uk • tgl. 12–23 Uhr • €€

MERIAN-Tipp

THE SHIP ON THE SHORE
▶ S. 111, F 6

Allein schon geografisch ist Leith die erste Adresse für Fischliebhaber. An der Flaniermeile des Hafenviertels The Shore liegt das köstlichste Fischrestaurant der Stadt. Alles, was das Meer hergibt, wird delikat zubereitet: von Loch-Fyne-Austern bis hin zu banalen Fish & Chips. Unbedingt probieren: »Seafood Chowder«, eine schottische Fischsuppe mit Fisch, Muscheln, Krabben, Sahne, Kartoffeln und Zwiebeln. Zwischen den Holzvertäfelungen und nautischen Karten sitzt man gemütlich.
Leith • 24–26 The Shore • Bus: Broad Wynd • Tel. 5 55 04 09 • www.theshipontheshore.co.uk • tgl. 12–22 Uhr • €€€

Dunkle Holzpaneele, Kerzenleuchter und Lederstühle sorgen für die angenehm düstere Atmosphäre in The Witchery (▶ S. 20) vor den Toren von Edinburgh Castle.

Hanam's ▶ S. 116, C 17

Kurdische Spezialitäten • Bunte Laternen streuen sanftes Licht durch die charaktervollen Räumlichkeiten. Bestickte Kissen, Teppiche und Seidenvorhänge bilden die Kulisse für dieses ausgezeichnete kurdische Lokal. Ein verführerischer Auftritt kurdischer Köstlichkeiten wie Mushakal Meze, pikante Falafel und Lamm auf Spinat mit Juwelen aus Reis und Granatapfel. Kein Alkohol, Shishas erhältlich.
Old Town • 3 Johnston Terrace • Bus: Victoria Street • Tel. 2 25 13 29 • www.hanams.com • tgl. 12–23 Uhr • €€

The Basement Bar & Restaurant
▶ S. 111, D 8

Nachos & Burritos • Die Hawaii-Hemden der gut gelaunten Kellner gehören zum Markenzeichen dieses lauten und bunten Kellerrestaurants. Auf der Speisekarte versammeln sich wenige preiswerte mexikanische Gerichte wie Nachos, Burritos und Fajita, die in recht üppigen Portionen kommen und schmackhaft und authentisch sind. Qualitätsspirituosen wie Tequilas und Whisky sowie eine stattliche Auswahl an Flaschenbieren und Cocktails runden das Menü ab.

Broughton • 10–12a Broughton St. • Bus: Fort Street • Tel. 5 57 00 97 • www.thebasement.org.uk • €

PUB RESTAURANT
Joseph Pearce's 👥 ▶ S. 111, D 8

Schwedisches Flair • Seit der Eröffnung der drei schwedischen Pubs auf dem Leith Walk ist deren Popularität über Nacht explodiert. Warmes, tagsüber kinderfreundliches, nachts eher cool-trendiges Ambiente. Sessel, Sofas und Kissen laden zum Verweilen ein, während skandinavische Gerichte wie Fleischbällchen und Räucherfisch fürs leibliche Wohl sorgen.
Abbeyhill • 23 Elm Row • Bus: Elm Row • Tel. 5 56 41 40 • www.bodabar.com/mt-static/pearce.html • €€

SCHOTTISCH
Martin Wishart ▶ S. 111, F 6

Für Feinschmecker • Das Edelrestaurant von Meisterkoch Wishart hat der schottischen Hauptstadt seine ersten beiden Michelin-Sterne beschert. Hier wird höchste Kochkunst in einer eher formellen, aber geradlinigen Atmosphäre geboten. Verwendet werden nur beste, fast ausschließlich biologische Produkte, die zu schmeichlerischen Gaumenfreuden in teilweise ausgefallenen Kombinationen verarbeitet werden. Großartige vegetarische Menüs.
Leith • 54 The Shore • Bus: Parliament Street • Tel. 5 53 35 57 • www.martin-wishart.co.uk • Di–Sa 12–14, 19–22 Uhr • €€€€

The Witchery ▶ S. 116, C 17

Edel • Kein Restaurantführer ohne die Hexenküche für Zahlungskräftige. Das Witchery ist das wohl berühmteste Restaurant Edinburghs. Todschickes Ambiente, feine Haute Cuisine, die man Seite an Seite mit Prominenten einnehmen kann. Ein

Entspannte Wohnzimmeratmosphäre und hausgemachte Kuchen laden zu einer gemütlichen Teestunde in Clarinda's Tearoom (▶ S. 22) auf der Royal Mile ein.

theatralisches Versteck in den historischen Gemäuern der Royal Mile mit einer Weinkarte, die den Umfang eines Telefonbuchs hat.
Old Town • 352 Castlehill, Royal Mile • Bus: Victoria Street • Tel. 2 25 56 13 • www.thewitchery.com • tgl. 12–14, 17.30–22.30 Uhr • €€€€

Dining Room ▶ S. 116, C 17
Im Whiskyclub • In den eleganten georgianischen Räumen wird eine feine Küche aufgetragen. Spezialitäten des Meeres wie Kammmuscheln, Heilbutt und Lachs werden ebenso wie Wild- und Rindklassiker kunstvoll mit Beilagen drapiert und mit feinen Weinen kombiniert. Im Stockwerk darüber befindet sich der Clubraum der **Scotch Malt Whisky Society**, deren Whiskys durch skurril-fantasievolle Beschreibungen und Qualität gekennzeichnet sind. Der Whiskyclub kauft Einzelfässer auf und füllt sie unter eigenem Label ab. Alle Whiskys sind »single cask, cask strength«-Einzelfassabfüllungen.
New Town • 28 Queen St. • Bus: Thistle Street • Tel. 2 20 20 44 • www.thediningroomedinburgh.co.uk • Mo 12–14.30, Fr–Sa 12–14.30, 17–23.00 • €€€

Dubh Prais ▶ S. 117, D 17
Gemütlich • Exzellente schottische Küche bieten James and Heather McWilliam in ihrem kleinen Lokal. Der gälische Name spielt auf den »schwarzen Kochtopf« an, in dem die Schotten früher ihre Speisen zubereiteten. Auf der Karte brillieren geräucherter Wildlachs, Angus-Filetsteak in Whisky-Senf-Sauce, und Melrose-Lamm mit Rosmarintomaten.
Old Town • 123b High Street/Royal Mile • Bus: Royal Mile • Tel. 5 57 57 32 • www.dubhpraisrestaurant.com • Di–Sa 17–22.30 Uhr • €€€

MERIAN-Tipp

HOLYROOD 9A ▶ S. 117, D 17
Richtig gute Burger in 17 verschiedenen Variationen kann man in diesem gemütlich-trendigen Gastropub essen. Etwa einen Wildburger mit Brie und Preiselbeersauce oder Falafel- und Halloumi-Burger für Vegetarier. Dazu gibt es eine stattliche Auswahl an heimischen und kontinentalen Zapf- und Flaschenbieren sowie Single Malts in Hülle und Fülle. Im Kamin knistert an kalten Tagen ein Holzfeuer.
Canongate • 9a Holyrood Rd. • Bus: St. Mary Street • Tel. 5 56 50 44 • www.fullerthomson.com • tgl. 9–21 Uhr • €€

VEGETARISCH
David Banns ▶ S. 117, D 17
Edelvegetarier • Purpur schimmern die Wände, rabenschwarz die Theke. Im stilvollen Ambiente werden auch die Gerichte des Gourmetvegetariers fantasievoll dekoriert. Die Zutaten sind durchweg hochwertig, manche sogar in Bioqualität. Auch vegane Gerichte stehen auf dem Menüplan.
Old Town • 56 St. Mary's St. • Bus: St. Mary Street • Tel. 5 56 58 88 • www.davidbann.com • tgl. 12–14, 18–22 Uhr • €€€

Forest Cafe ▶ S. 116, C 18
Art is free • Auch nach dem Umzug der Punk-Boheme-Kneipe in die neuen Räume in Tollcross bleibt alles beim Alten. Der Mix aus gemütlichen Secondhandmöbeln, künstlerischen

Lampen und Gig-Anschlagtafeln lädt zum Faulenzen und Abhängen ein. Auch am Menü hat sich wenig geändert: vegane und vegetarische Snacks wie Falafel und Nachos, mit Bohnenmus gefülltes Pita-Brot sowie Hummus und Gebäck. Die Malereien und Graffitis stammen vom Lokalkünstler Hailey Beavis. Da der gemeinnützige Verein nur Freiwillige beschäftigt, kann der Service manchmal auch etwas zu entspannt sein.
Tollcross • 141 Lauriston Place • Bus: Tollcross • Tel. 2 29 49 22 • blog.theforest.org.uk • €

CAFÉS

Blue Moon Cafe ▸ S. 111, D 8

Entspannte Atmosphäre • In einem der Lieblingstreffs der Schwulen- und Lesbenszene kann man mit Kabeljau- und Chorizo-Buletten, New-York-Käsekuchen oder einem Full Scottish Breakfast ein herzhaftes, unkonventionelles Katerfrühstück genießen. Das Ambiente ist zwanglos, die Kellner sind beflissen, und die Mittagskarte besteht aus den bekannten schottischen Klassikern wie Pies, würzigen Currys und deftigen Hackfleischgerichten.
Broughton • 1 Barony St. • Bus: Fort Street • Tel. 5 56 27 88 • www.bluemooncafe.co.uk

Café Florentine ▸ S. 110, B 8

Klein-Paris • Vom Blick in den verwunschenen Garten, der Chansonmusik, dem bunt zusammengewürfelten Mobiliar bis zum Boheme-Flair – alles beschwört Assoziationen mit Paris herauf. Feine, kleine Speisen wie überbackener Ziegenkäse mit Rucola und leckeres Gebäck.
Stockbridge • 5 North West Circus Pl. • Bus: Circus Place • Tel. 2 20 02 25

Clarinda's Tearoom ▸ S. 117, E 17

Leckerer Apple Pie • Wie bei Großmuttern, mit Spitzendeckchen, allerlei Nippes, Selbstgebackenem und heißem Kakao. Das reizende kleine Café wurde nach der Geliebten und Mentorin des Poeten Robert Burns (1759–1796) benannt, die nebenan auf dem Canongate Churchyard beerdigt wurde. Heimelig und mit dem vielleicht besten Gebäck der Stadt.
Canongate • 69 Canongate • Bus: Holyrood • Tel. 5 57 18 88

Two Thin Laddies ▸ S. 116, C 18

Gemütlich • Kiefernmöbel, Holzdekor, Sitzbänke, verstreute Magazine und Zeitungen: Sein unprätentiöses Ethos und das heimelige Inventar machen dieses Café zum perfekten Rückzugsort zum Lesen und Entspannen. Die hausgemachten Kuchen und Backwaren ziehen nicht nur Ortsansässige an. Kartoffeln aus dem Ofen, Sandwiches, Mezze-Teller und herzerwärmende Käsemakkaroni ergänzen das Snackmenü.
Tollcross • 103 High Riggs • Bus: Tollcross • Tel. 2 29 06 53 • www.twothinladdies.co.uk

Word of Mouth ▸ S. 111, E 8

Katerfrühstück • In einem Wohnviertel am Leith Walk verpflegt das kleine Café hungrige Anwohner mit schmackhaften Gerichten und einem guten Kaffee. Der Grog aus einem Familienrezept des Eigentümers ist über die Grenzen von Leith hinaus bekannt. Die Crêpes, gefüllte Croissants und Quiches eignen sich hervorragend zum Frühstück.
Leith • 3a Albert St. • Bus: Pilrig Street • Tel. 5 54 43 44 • wofmcafe.com • Mo–Do 8–17, Fr–Sa 9–17, So 10–18 Uhr

grüner reisen

Wer zu Hause umweltbewusst lebt, möchte dies vielleicht auch im Urlaub tun. Mit unseren Empfehlungen im Kapitel grüner reisen wollen wir Ihnen helfen, Ihre »grünen« Ideale an Ihrem Urlaubsort zu verwirklichen und Menschen zu unterstützen, denen ein verantwortungsvoller Umgang mit der Natur am Herzen liegt.

Nachhaltiger Tourismus steht hoch im Kurs

Grün ist Schottland nicht nur der Farbschattierungen seiner Landschaft wegen. Das »grüne« Potenzial des Landes ist, gemessen an europäischen Standards, außergewöhnlich. Und so langsam besinnt man sich hier auch darauf – das Thema Umweltschutz ist in der politischen Agenda weit nach oben gerückt. 50 % der Energieproduktion sollen bis 2020 durch regenerative Quellen erzeugt werden. Auch die nationale Tourismusagentur Visit Scotland hat reagiert und fördert mit ihrem »Green Tourism Business Scheme« neuerdings einen auf Nachhaltigkeit angelegten Tourismus. Die über 700 Mitglieder aus dem Hotel-, Gastronomie- und Entertainmentgewerbe bekommen Zertifikate in Bronze, Silber und Gold verliehen, die dem Level ihrer Energieeffizienz und Umweltfreundlichkeit entsprechen. Hotels und B&Bs werden überprüft, ob sie Energiesparlampen benutzen, Müll recyceln und Ökowaschmittel einsetzen. Restaurants können mit lokalen und fair gehandelten Produkten punkten und Touristenattraktionen, wenn sie Fahrräder verleihen oder Wildlife-Wanderwege fördern. Achten Sie auf die grüne, ovale Etikette mit »Green Tourism«. Unter www.green-business.co.uk kann man gleich umweltfreundlich buchen.

ÜBERNACHTEN

Claymore Vegetarian Guesthouse ▶ S. 111, E 7

Das Dekor des viktorianischen Stadthauses ist hell und freundlich, die ruhige Lage für einen netten Spaziergang zum Zentrum perfekt. Nur die Möwen kreischen am frühen Morgen. Cathy, die enthusiastische Besitzerin, kocht aus Überzeugung für vegetarische und vegane Gäste. Obst, Brot, Halloumi und Käse, Eier, frittierte Tomaten, Polenta und Kartoffeln sowie eine stattliche Auswahl an Brotaufstrichen bereichern das Frühstück. Selbst an vegane Joghurts und Käse wird gedacht.
Pilrig • 68 Pilrig St. • Bus: Pilrig Street • Tel. 5 54 25 00 • www.claymorevegetarianguesthouse.com • 5 Zimmer • €€

McRae's Organic B&B
▶ S. 111, D 7

Das familiengeführte Gästehaus versteht sich als ökofreundliche Unterkunft und hat sich der Biobewegung von Anfang an verschrieben. Ruhige, komfortable Zimmer mit Bettwäsche aus Biobaumwolle, mit Biotee und -keksen und »grünen« Toilettenartikeln. Das Frühstück besteht aus Eiern von Freilandhühnern und Biozutaten, die so lokal wie möglich gekauft werden. Vegetarisches Frühstück ist natürlich kein Problem. Der Gastwirt John und seine Familie geben sich alle Mühe, ihrem Namen gerecht zu werden.
Canonmills • 44 East Claremont St. • Bus: Logie Green Road • Tel. 5 56 26 10 • www.mccraes.co.uk • 6 Zimmer • €€

Tantallon Bed & Breakfast
▶ S. 117, D 19

Die attraktive viktorianische Villa von Mike und Ann Walsh liegt in einer ruhigen, baumbestandenen Straße etwa 20 Min. vom Zentrum entfernt. Die Eigentümer haben früher eine Farm in Kanada bewirtschaftet, bevor sie sich vor 20 Jahren hier niederließen. Selbst gepflückte Blumen, gute Matratzen und Fenster, die in den Garten zeigen, laden zum Wohlfühlen ein. Das exzellente Frühstück besteht aus frischen Früchten, selbst gekochten Marmeladen und vielen Bioprodukten. Die Roggen-Sauerteig-Brote, die man sonst in Schottland fast nirgendwo findet, werden von Caroline, der Tochter, gebacken. Auch Vegetarier und Veganer werden sehr gut verköstigt.
Newington • 17 Tantallon Pl. • Bus: Warrender Park Terrace • Tel. 6 67 17 08 • www.tantallonplace.co.uk • 2 Zimmer • €€

ESSEN UND TRINKEN

Henderson's ▶ S. 116, C 17

Das Pioniergeschäft von Janet und Mac Henderson ist eine Institution in Edinburgh und das älteste vegetarische Lokal der Stadt. Das Imperium besteht aus einem Delikatessenladen, einer Kunstgalerie, einem Bistro und einem Restaurant. Hier werden international angehauchte vegetarische Gerichte außerordentlich schmackhaft serviert. Es gibt über zehn verschiedene Salate; und die Haferkekse zum Kaffee sind die besten. Die Zutaten stammen von lokalen Unternehmen und sind überwiegend Bioprodukte.
New Town • 94 Hanover St. • Bus: Thistle Street • Tel. 2 25 26 05 • www.hendersonsofedinburgh.co.uk • Mo–Sa 8–22 Uhr • €€

Engine Shed ▶ S. 117, E 18

Im alten Eisenbahnlagerhaus der British Rail wird seit 1989 Pionierarbeit in Sachen Sozialengagement und Um-

weltschutz geleistet. Menschen mit Lernbehinderungen erwerben hier in einem realen Arbeitsumfeld ihre Fertigkeiten. Im Café wird schmackhafte und preiswerte vegetarisch-vegane Biokost serviert, frische Falafel, Salate, köstliche Suppen und Quiches. In der angrenzenden Bäckerei werden Biobrote, Haferkekse und süße Delikatessen gebacken. Der hausproduzierte Bio-Tofu beliefert die Farmer's Markets und Feinkostläden der Stadt.
Newington • 19 St. Leonard's Lane • Bus: Folly Mews • Tel. 6 62 00 40 • www.theengineshed.org • Mo–Sa 10–16 Uhr • €

Chocolate Tree ▸ S. 116, B 19

Das deutsch-schottische Ehepaar stellt im 45 Min. von Edinburgh entfernten Haddington feinste Schokolade her. Der Kakao stammt aus der Biobewirtschaftung kleiner Plantagen, die mit ihrem pestizidfreien Anbau den besten Lebensraum für Kakaopflanzen liefern. Seit 2009 kann man sich die handgefertigten Pralinen und Schokoladen, Gebäck und Eiskrem auch im kleinen Laden im Stadtteil Bruntsfield auf der Zunge zergehen lassen. Das vegane Schokoladeneis schmilzt langsam und sehr geschmacksintensiv im Mund. An Samstagen ist Chocolate Tree an einem der Stände auf dem Bauernmarkt in Edinburgh zu finden. Die Küche kann nach Voranmeldung besucht werden.
Bruntsfield • 123 Bruntsfield Pl. • Bus: Viewforth • Tel. 2 28 31 44 • www.the-chocolate-tree.co.uk

EINKAUFEN

Charity Shops ▸ S. 117, D 18

Die Lieblingsläden der spendenfreudigen Briten sind vor allem für Liebhaber von Secondhand-Accessoires eine Fundgrube. Die über die ganze Stadt verteilten Shops werden von Wohltätigkeitsvereinen unterhalten und haben fast alles in ihrem Sortiment: Designerklamotten, selbst gehäkelte Babystrampler, Bücher und CDs. Das Personal arbeitet ehrenamtlich, die Erlöse werden für wohltätige Zwecke verwendet, und das Recycling hat einen zusätzlichen Vorteil für die Umwelt. Eine gute, mit etlichen Charity-Läden bestückte Meile ist die Nicolson Street.
Old Town/Newington • Nicolson Street • Bus: Nicolson Street

Earthy Canonmills ▸ S. 110, C 7/8

2007 begannen der Feinschmecker Dirk, die Bäuerin Patricia und der Gärtner Pete ihren Traum von einem eigenen Angebot an gesunden, ethisch vorbildlichen Produkten umzusetzen. Im gut bestückten Laden im Stadtteil Canonmills werden frisches saisonales Obst und Gemüse und andere Bioprodukte vertrieben. Auch die meisten Zutaten im angegliederten Restaurant sind hochwertig und äußerst schmackhaft. Qualität spricht sich herum, denn mittlerweile haben auch andere Filialen in der Stadt geöffnet.
Canonmills • 1–6 Canonmills Bridge • Bus: Canonmills • Tel. 5 56 96 99 • www.earthy.uk.com

Farmer's Market ▸ S. 116, C 18

Die Farmermärkte in den Städten haben Konjunktur. Hier wird verkauft, was im Umland angebaut und produziert wurde. Bauern, Viehzüchter, Bäcker und Imker legen an Samstagen Spezialitäten wie Wildschwein, Hirsch und Wasserbüffel, saisonales Obst und Gemüse, Honig und Käse aus. Vor allem Bioprodukte, die mit dem Etikett »organic« gekennzeichnet sind, erwarten eine begehrliche Käuferschaft. Mit über 70 Farmern und Herstellern aus

Auf dem Farmer's Market (▶ S. 26), der immer samstags im Schatten des Edinburgh Castle stattfindet, kann man frische schottische Spezialitäten kosten.

ganz Schottland ist der Farmmarkt in Edinburgh der größte in Schottland.
Old Town • Castle Terrace • Bus: West Port • Sa 9–14 Uhr

AKTIVITÄTEN

Naturwanderungen

Fast überall in Edinburgh kann man den Horizont, kann man grüne Hügel, Berge und das Meer sehen. Direkt im Zentrum ragt Arthur's Seat auf, eine Miniaturberglandschaft, die mit vielen Fahrrad- und Wanderwegen zur aktiven Erholung einlädt. An der Küste gibt es ausgewiesene Wanderwege wie die Fernwanderstrecke **John Muir Way**. Der Trail wurde nach dem Umweltschützer John Muir benannt, der in den East Lothians (1838–1914) geboren und zu einem der Mitbegründer der amerikanischen Nationalparks wurde. Die Strecke führt über 73 km vom Edinburgher Vorort Musselburgh an der Küste entlang bis in die schottisch-englische Grenzregion und ist ein Paradies für Ornithologen. Scharben, Eiderenten, Eissturmvögel, Basstölpel und die seltenen Papageientaucher kommen jedes Jahr zum Brüten an den Firth of Forth. Vor den Toren der Stadt präsentiert der **Pentland Hills Regional Park** »Highland«-ähnliche Landschaftsformen. Hier grasen die zotteligen Hochlandrinder, wird Wild gejagt. Ein überschaubares Netz an gut befestigten Wanderwegen führt an stillen Teichen und grünen Tälern vorbei bis in luftige Höhen auf 600 m hinauf. Auf den Bergkuppen finden sich bisweilen die Ruinen von Burgen aus der Eisenzeit. Ranger organisieren geführte Wanderungen und regelmäßige Events in Sachen Naturschutz.
www.pentlandhills.org

Einkaufen
Whisky, Shortbread und Fudge-Karamell stehen ganz oben auf der Liste der schottischen Mitbringsel. Und manch einer kleidet sich gar erstmals mit einem Kilt, dem traditionellen Schottenrock, ein.

◄ Schon öfters totgesagt und doch ein Erfolgsmodell, das nunmehr auch Trendboutiquen führen: der Kilt (► S. 30).

Fast jeder assoziiert Schottland mit Schafen, und **Woll-** und **Strickprodukte** stehen tatsächlich ganz hoch im Kurs. Landesweit vertretene Großunternehmen wie Edinburgh Woolen Mill und James Pringles sind auf Kaffeekranz-Touren für Touristen spezialisiert. Versuchen Sie solche Konzerne zu vermeiden, wenn Sie in Schottland hergestellte Qualitätsware erwerben möchten.
Von den Insulanern der Westlichen Inseln Harris, Lewis, Uist und Barra wird der luxuriöse handgewebte Wollstoff meist in Heimarbeit hergestellt. Den zu Schals, Decken und Jacken verarbeiteten Tweed kann man in einigen kleineren Spezialgeschäften kaufen. Die zum Teil auf altertümlichsten Maschinen gewobenen Stoffe aus der Wolle einheimischer Schafe sind mittlerweile auch bei Modedesignern und der Hollywoodindustrie begehrt und seit 1909 als Warenzeichen eingetragen.
Spätestens seit Sean Connery im **Kilt** auf roten Teppichen posiert, gelten die Karoröcke wieder als »fashionable«. Die alteingesessenen Kiltmaker in Edinburgh kleiden neben ihrer klassischen Kundschaft auch Leute wie Schauspieler Vin Diesel und Sänger Robbie Williams ein. Einen etwa 12 m langen Wollstoff verlangt die Anfertigung eines kniekehlenlangen Kilts, um das Karomuster im gefalteten Zustand ebenso exakt wiedergeben zu können wie beim glatten Stoff. Da bei einem guten Rock die Falten von Hand eingenäht sind, fangen die qualitativ hochwertigen Kilts bei 250 £ an, während gute maschinengenähte Kilts bereits ab 150 £ erhältlich sind. Billigere Varianten haben die Souvenirshops ab 30 £ im Angebot.
Whisky und andere Spezialitäten sind in Schottland recht teuer. Mit mehr als 70 % wird eine Flasche Whisky besteuert, weshalb Standardabfüllungen wie der 12 Jahre alte Glenfiddich oder der 10 Jahre alte Glenmorangie in Deutschland wesentlich günstiger zu erwerben sind. Einige Spezialabfüllungen aus dem Einzelfass (»single cask«) oder Distillery Editions wie Talisker haben aber Seltenheitswert und sind nur vor Ort erhältlich. Manche Fachgeschäfte haben nicht nur die Brennerei-Abfüllungen, sondern auch Flaschen unabhängiger Anbieter im Sortiment.

BÜCHER
Analogue ► S. 116, C 17
Der kleine, unabhängige Buchladen hat sich auf Kunst- und Designbücher spezialisiert. Exzellente Buchauswahl, dazu Magazine und Drucke zu Architektur, Grafik, Mode und zeitgenössischer Kultur. Einige Bücher werden im Eigenverlag publiziert.
Old Town • 39 Candlemaker Row • Bus: Victoria Street • www.analoguebooks.bigcartel.com

Edinburgh Books ► S. 116, C 18
Am Westport, Edinburghs »Soho«, ist unter den zahlreichen Secondhand-Buchläden dieses staubige Juwel der größte seiner Art. Ausgestopfte Tiere schauen beim Schmökern zu. Das Spektrum reicht von Belletristik und ledergebundenen Klassikern über Musiknoten bis zu Fachbüchern zu Technik und Pop-Psychologie.
Old Town • 145–147 West Port • Bus: Heriot Bridge • www.edinburghbooks.net

CRAFTS & VINTAGE

Curiouser and Curiouser
▶ S. 111, D 8

Schmuck aus Edinburgh und skandinavische Accessoires, handgefertigte Ökoseife und Vintage für die Wohnung: Dieser kleine Laden am Fuße des »Pinkfarbenen Dreiecks« ist vollgestopft mit Sachen, die man plötzlich unbedingt haben muss.
Broughton • 93 Broughton St. • Bus: Fort Street • www.curiouserandcuriouser.com

Red Door Gallery
▶ S. 116, C 17

Hinter der roten Tür auf einer malerischen Altstadtstraße findet man Arbeiten einheimischer Künstler, Handwerker und Schmuckhersteller. Auch Werke von Illustratoren und Absolventen der nahe gelegenen Kunsthochschule sind darunter. Besonders die Seidenschals und Umhänge aus Lammwolle, die Lederketten und -broschen sind begehrt.
Old Town • 42 Victoria St. • Bus: Victoria Street • www.edinburghart.com

DELIKATESSEN

The Fudge House of Edinburgh
▶ S. 117, D 17

Herrliche Auswahl unterschiedlichster Buttertoffees. Dazu Kaffee- und Snackspezialitäten.
Old Town • 197 Canongate • Bus: Royal Mile

Ian Mellis Cheesemonger
▶ S. 116, C 17

In diesem kleinen edwardianischen Geschäft wird schottischer Käse in allen Varianten und Geschmacksrichtungen verkauft. Auch gutes Brot ist hier erhältlich.
Old Town • 30a Victoria St. • Bus: Victoria Street

Valvona & Crolla
▶ S. 111, D 8

Schottlands ältester Delikatessenladen ist eine Institution. Er wurde 1934 gegründet, um die wachsende Zahl italienischer Immigranten mit heimischen Produkten zu versorgen. Viele mediterrane Spezialitäten: Öle, Käse, Pasta, Kaffee und Weine, dazu frisches Gemüse aus Mailand.
Abbeyhill • 19 Elm Row • Bus: Elm Row

KAUFHÄUSER/EINKAUFSZENTREN

Jenners Departement Store
▶ S. 116, C 17

Das Kaufhaus an der Princes Street ist eines der ältesten im Land und gilt als das »Harrods des Nordens«. Seit 1911 Hoflieferant, steht es heute ein bisschen im Wettkampf mit Harvey Nichols am St. Andrews Square, das auf ein jüngeres Publikum ausgerichtet und angeblich noch teurer und exklusiver ist. Über 100 Abteilungen laden zum Kaufrausch ein.
New Town • 48 Princes St. • Bus: Jenners

Ocean Terminal
▶ S. 111, E 5

Das Einkaufs-, Amüsier- und Restaurantzentrum am Meer ist ein Designertempel aus Stahl und Glas. Die Geschäfte reichen von Geschenk- und Musikshops über die Modeboutiquen gängiger Label wie Zara und H&M bis zum Kaufhaus Debenhams mit seinen schönen Mode- und Wohnaccessoires. Ein Einkaufsbummel lässt sich gut mit einem Besuch der Royal Yacht Britannia verbinden.
Leith • 98/8 Ocean Drive • Bus: Ocean Terminal

KILTS

Geoffreys Tailor
▶ S. 117, D 17

Alteingesessener Kiltmaker auf der High Street, der neben der klassi-

Vielen gilt Valvona & Crolla (▶ S. 30) als bester italienischer Feinkostladen nördlich der Alpen. Nicht nur das Frühstück in der Caffè Bar ist ausgezeichnet.

schen Kundschaft wie Sean Connery auch VIPs wie Vin Diesel und Robbie Williams mit Kilt einkleidet. Seine Serie »21st Century Kilt« feiert den oft schon totgesagten Kilt in Leder, Nadelstreifen und Jeansstoff. Derart leger wird er auch mit bunten Turnschuhen, Motorradstiefeln und lässigem T-Shirt kombiniert.
Old Town • 57–59 High St. • Bus: Royal Mile

Kinloch Anderson ▶ S. 111, E 6
Hier kauft man beim Top-Schneider traditionelle schottische Bekleidung: Kilt, Spitzenhemd und Samtjackett für die Männer und Jungen, Tartan-Schärpe oder karierter Rock für die Frauen und Mädchen. Man entwirft auch eigene Tartans (Webmuster).
Leith • Commercial Street • Bus: Victoria Quay

KUNST
Edinburgh Art & Picture Frames
▶ S. 117, D 17
Unendlich viele schottische Motive auf Leinwand und aus dem Fotoapparat hält Edinburgh Art & Picture Frames bereit. Der Laden hat sich auf

Nur wenige familiengeführte Whiskyabfüller haben den Zentralisierungsprozess der Branche im 20. Jh. überlebt: Cadenhead's (▶ MERIAN-Tipp, S. 33) ist einer davon.

schottische Themen und schottische Künstler spezialisiert.
Old Town • South Bridge • Bus: South Bridge

MODE

Cockburn Street ▶ S. 117, D 17

Die junge, flippige Straße im Zentrum der Altstadt zieht Jungvolk und Individualisten mit Streetstyle-Shops von Gothic bis Rüschen über Feng-Shui- und Art-déco-Accessoires an. Hier ist alles zu finden, was derzeit als trendig gilt. Dazwischen bereichern Galerien, Cafés und ein sehr guter Laden mit Fotografiebüchern das Flair der Straße.
Bus: Royal Mile

George Street ▶ S. 116, B/C 17

Die Luxusstraße ist nicht nur das Zentrum von Edinburghs Finanzsektor, sondern eine exklusive Meile für teure Designerläden, Auktionshäuser, schicke und trendige Bars, Nachtclubs und Restaurants. Auf dem St. Andrew Square residiert das Kaufhaus **Harvey Nichols**, das ein junges, extravagantes Publikum anspricht. **Multrees Walk** schließlich ist die Gasse der ganz exquisiten Designerlabel – Luxusshopping von Armani bis Vuitton & Co.
Bus: Dome

Victoria Street und Grassmarket
  ▶ S. 116, C 17

Die kleine Altstadtstraße schwingt sich von der George IV Bridge hinunter zum Grassmarket und lockt mit vielen bunten und skurrilen Läden – darunter Wein- und Spirituosenhändler, alternative Schneider und Klamottenläden, Cresser's Besenladen, Mellis's Käseshop, Taschen-, Spitzen- und Schmuckhersteller. Am Grassmarket gibt es viele Secondhandläden mit flippigen Kleidern, Kostümen und Büchern.
Bus: Victoria Street

SECONDHAND

Herman Brown ▸ S. 116, C 18
Seit 1983 werden Kunststudenten hier mit Kostümen, Schmuck und Schuhen versorgt. Die hübsche, ausgewählte Kollektion enthält Kleider, Trenchcoats und Lederhandschuhe aus den Fünfzigern und Sechzigern. Die Kollektion »HB Electronics« im Hinterraum wird von der Tochter des Eigentümers betreut, die ein gut geschultes Auge für verblasste Jeanssachen, hässlich-schicke Blusen und Leoparden-Trash hat.
Old Town • 151 West Port • Bus: Heriot Bridge • www.hermanbrown.co.uk

Unicorn Antiques ▸ S. 110, C 8
Über eine Steintreppe gelangt man hinunter ins düstere Souterrain, in dem die originalen Fliesen und Marmorregale noch an die Zeit erinnern, als hier Käse hergestellt wurde. Der Raum ist über und über vollgestopft mit Kupferkannen, Zylinderhüten, Büchern und Kuriositäten aus dritter, vierter und fünfter Hand.
New Town • 65 Dundas St. • Bus: Great Kings Street • www.unicornantiques.com

WHISKY

Royal Mile Whiskies ▸ S. 116, C 17
Das gefragte und zentral gelegene Whisky-Emporium liegt in prominenter Nachbarschaft zu einigen der wichtigsten Sehenswürdigkeiten der Altstadt. Unter der grünen Schaufenstermarkise stranden Whiskyliebhaber und zufällig vorbeibummelnde Touristen gleichermaßen. Die Eigentümer haben vor zehn Jahren das Whisky Fringe Festival (▸ S. 41) ins Leben gerufen und sind dementsprechend Kenner der Szene.
Old Town • 379 High St. • Bus: Victoria Street • www.royalmilewhiskies.com

MERIAN-Tipp

CADENHEAD'S ▸ S. 117, E 17
Unbedingt empfehlenswert! Dieser altmodische und etwas angestaubte Whiskyladen hat ein unschlagbares Angebot an erstklassigen, ungewöhnlichen und einzigartigen Whiskys vorzuweisen. Cadenhead's, eine Firma aus Campbelltown, ist der älteste unabhängige Abfüller Schottlands und vertreibt seine Produkte seit 1842. Die meisten Whiskys sind nicht nur Einzelfassabfüllungen »cask-strength«, sondern auch preislich angemessen.
Canongate • 172 Canongate • Bus: Holyrood

WOLLE & TWEED

Ness ▸ S. 116, C 17
Wer sagt, dass Karoröcke nur etwas für ältere Damen und schrullige Schotten sind? Dieser Laden wartet mit modern geschnittenen Tartanröcken, frechen T-Shirts und knallbunten Pullis auf.
Old Town • 376 High St. • Bus: Victoria Street

Ragamuffin ▸ S. 117, D 17
Lässig moderne Woll- und Leinenwaren, Schmuck, Accessoires und Kunsthandwerk mit einem Touch der Isle of Skye, wo das Hauptgeschäft am Fährhafen von Armadale schon seit 20 Jahren expandiert.
Old Town • Canongate/Ecke St. Mary's Street • Bus: St. Mary Street

Am Abend
Tauchen Sie ein in die lebendige Pubszene der Stadt. Die Bars sind fester Bestandteil des gesellschaftlichen Lebens, oft ist auch Livemusik zu hören. Allerdings ist nicht selten um 23 Uhr schon Schluss.

◄ Allabendlich werden im Pub Sandy Bell's (▶ S. 37) die Instrumente ausgepackt, und die Gäste singen mit.

Edinburgh hat mehr Bars und Pubs pro Quadratmeile als jede andere europäische Stadt, denn die Schotten sind gesellig und ausgehfreudig. Oft trifft man sich gleich nach der Arbeit im nächsten Pub. Gegen 23 Uhr ist vor allem in den traditionellen Kneipen Zapfenstreich. Die offizielle Sperrstunde wurde zwar 2005 abgeschafft, wird aber immer noch in vielen Pubs beibehalten. Von den urig-rustikalen Lokalen mit Holzvertäfelungen bis zu trendigen, ultraschicken Bars kann man in der Hauptstadt alles finden. Auch Livemusik wird oft gespielt. Wer unter 18 Jahre alt ist, hat in den meisten Etablissements leider keine Chance auf Einlass, Alkohol wird erst an 21-Jährige ausgeschenkt. Im Gegensatz zu vielen anderen europäischen Städten sind die Nächte in den Clubs und Diskotheken aber nicht ausschweifend lang. Ab 3 Uhr morgens werden alle Pforten geschlossen. Dann sieht man nicht selten Einheimische zum nächsten Taxistand torkeln und straucheln, denn die Schotten sind seit jeher recht trinkfreudig.

BARS, KNEIPEN UND WHISKYBARS

The Abbotsford ▶ S. 116, C 17

Historisch-eleganter Pub in der pulsierenden Ausgehmeile Rose Street. Das holzvertäfelte, mit Deckenmalereien verzierte Abbotsford hat in den letzten Jahrhunderten auch Poeten und Künstler wie Hugh MacDiarmid und Sorley MacLean versorgt. Die rund 50 Malts sind zu fairen Preisen zu haben, auch einige Cadenhead's-Abfüllungen befinden sich darunter.

MERIAN-Tipp

THE BOW BAR ▶ S. 116, C 17

Traditionelle Whiskybar am Grassmarket ohne jeden touristischen Firlefanz. Es spielt keine Musik und kein Fernsehen (abgesehen von einigen wichtigen internationalen Sportereignissen). Der umfangreiche Bestand an ungefähr 220 Single Malts beinhaltet Einzelfassabfüllungen unabhängiger Abfüller, seltene Ausgaben und Whiskys geschlossener Brennereien. Die alte Eichenholzbar, die vertäfelten Wände und fixierten Tische und Bänke vervollkommnen das authentische Gesamtbild. Im »UK Good Pub Guide« als Whiskybar 2011 ausgezeichnet.
Old Town • 80 West Bow • Bus: Victoria Street

New Town • 3–5 Rose St. • Bus: Jenners • www.theabbotsford.com

The Dome ▶ S. 116, C 17

Unter der gewaltigen Kuppel der früheren Commercial Bank of Scotland herrscht heute eine elegant gedämpfte Drink- und Cocktailatmosphäre. Edinburghs erste Megabar vereint darüber hinaus noch einen Garten-Patio, einen Nightclub und die Deko-Bar Frazer.
New Town • 14 George St. • Bus: Dome • www.thedomeedinburgh.com

Ecco Vino ▶ S. 117, D 17

Diskrete, feine Weinbar mit wohnlichen Vorzügen und kosmopolitischem Touch. Dunkles Interieur und Kerzenlicht. Es gibt eine kleine Speisekarte für das leibliche Vergnügen

mit fantasiereichen Suppen, Tartes und italienischen Antipasti.
Old Town • 19 Cockburn St. • Bus: Waverly Bridge • www.eccovino edinburgh.com

Opal Lounge ▶ S. 116, C 17

Stylisches Labyrinth im Souterrain, gestaltet in schwelgerischem Pink und Siebzigerjahre-Blumenmuster. Ein Mix aus Bar und Club, zum Tanzen, Trinken und Plaudern. Das Publikum ist funky bis sehr schick.
New Town • 51 George St. • Bus: Dome • www.opallounge.co.uk

Sheep's Heid Inn ▶ S. 118, B 22

Das Inn im dörflichen Stadtteil Duddingston stammt aus dem Jahr 1360 und ist damit der älteste Pub Schottlands. Sein Innenleben ist schummrig, verwinkelt, dörflich gemütlich und knochenalt. Einer der wenigen Plätze, wo man heute noch Skittles (Kegeln) spielen kann.
Duddingston • 43 The Causeway • Bus: Duddingston Village • www.sheepheid.co.uk

Whiski ▶ S. 117, D 17

Laute, urige Kneipe mit einer stattlichen Auswahl an über 300 Single Malts und Bieren. Das Publikum besteht, wie fast überall auf der Royal Mile, vornehmlich aus Touristen. Die Speisekarte bietet keine großen Überraschungen: Pub-Klassiker, die hier und da mit Whiskysaucen aufgepeppt werden.
Old Town • 119 High St. • Bus: Royal Mile • www.whiskibar.co.uk

DISKOTHEKEN UND CLUBS

Bongo-Club ▶ S. 117, E 17

Einer der coolsten und vielseitigsten Clubs der Stadt. Alle Musikrichtungen auf relativ hohem Niveau: Afrobeat, Ska, Soul, Salsa, Celtic, Jazz, aber auch Punk, Disco, Electro, Garage und Rock'n'Roll. Tanzen ist garantiert. Nachmittags Ausstellungen und Kunstveranstaltungen.
Holyrood • 37 Holyrood Rd. • Bus: St. Mary Street • www.thebongoclub.co.uk

Cabaret Voltaire ▶ S. 117, D 17

In den Kavernen von Northbridge und Cowgate wartet dieser Club mit niedrigen Decken und Kabinen und einem Mix aus Techno, Underground Dance und Drum'n'Base auf. Bis zu 30 Bands und akustische Gigs treten jeden Monat auf.
Old Town • 36 Blair St. • Bus: South Bridge • www.thecabaretvoltaire.com

KINOS

Cameo ▶ S. 116, B 18

Das älteste Kino der Stadt wurde von Quentin Tarantino unlängst als das hübscheste der ganzen Welt bezeichnet. Das historische Auditorium des Cinema 1 ist seit der Eröffnung 1914 nahezu unverändert und beherbergt einen eleganten Saal mit edwardianischem Charme und weiten, komfortablen Sesseln. Das Kino zeigt die großen Programmfilme und Dokumentationen und ist einer der Aufführungsorte des Filmfestivals.
Tollcross • 38 Home St. • Bus: Tollcross • www.picturehouses.co.uk/cinema/cameo_picturehouse/

The Filmhouse ▶ S. 116, B 18

Dieses Kino erst macht Edinburgh zur Filmstadt. Das Filmhouse ist ein mit öffentlichen Mitteln gefördertes Programmkino mit einem ganz weiten Angebot alternativer Filme von

Arthouse über ausländisches Kino bis hin zu Dokumentationen und »mainstream second run«-Filmen. Retrospektiven und Sonderreihen zu Regisseuren, Schauspielern, Klassikern und Filmgenres sowie länderspezifische Festivals machen dieses Filmtheater zu einem der wertvollsten des ganzen Landes.
West End • 88 Lothian Rd. • Bus: Usher Hall • www.filmhousecinema.com

LIVEMUSIK
The Jazzbar ▶ S. 117, D 17/18

Schlagzeuger und Jazzorganisator Bill Kyle eröffnete 2005 die Jazzbar, nachdem seine erste Bridge Jazz Bar bei einem großen Feuer am Canongate zerstört wurde. Sie ist die einzige Bar, die fulltime dem Jazz gewidmet ist, zwei Auftritte pro Tag, sieben Tage die Woche! Dazwischen Funk, Soul, HipHop und Poetry.
Old Town • 1A Chambers St. • Bus: South Bridge • www.thejazzbar.co.uk

Sandy Bell's ▶ S. 117, D 18

Das Publikum besteht aus einer heiteren Mischung von Einheimischen und Touristen. In einem Winkel wird hier jeden Abend traditionell schottische Folkmusik geboten. Das relativ kleine Pub ist als Musiktreffpunkt überaus populär, war Nabel des Folk Revivals und Lieblingskneipe des 2002 verstorbenen Hamish Henderson, Liedschreiber und schottischer Poet, dessen Büste heute das muntere Treiben überblickt.
Old Town • 25 Forrest Rd. • Bus: Forrest Road

Scotsman's Lounge ▶ S. 117, D 17

Schlichtes Interieur aus blanken Dielen, spartanischen Holzmöbeln und verrauchten Wänden. Einhei-

The Dome (▶ S. 35): Wo früher diskrete Bankgeschäfte getätigt wurden, trifft man sich heute in lockerer Runde zu einem Drink unter der imposanten Glaskuppel.

Seit Kurzem ergänzt ein gläserner Anbau die historische Bausubstanz der Usher Hall (▶ S. 39). Neben klassischen Konzerten sind hier auch Rock- und Popgrößen zu hören.

mische und Stammgäste, zahnlose Säufer und Intellektuelle, Jung und Alt prägen die bunte, kräftige, ehrliche Atmosphäre. Livemusik jeden Abend, beliebt bei Liebhabern der Dudelsackklänge. Manchmal kann man hier zu jeder Tageszeit einen Dudelsackspieler antreffen.
Old Town • 73 Cockburn St. • Bus: Royal Mile

Whistle Binkies ▶ S. 117, D 17
Jede Nacht Live-Entertainment, bis die Türen um 3 Uhr schließen. Von Lokalmatadoren, die ab 9 Uhr als Solo oder Duo 45 Min. auftreten können, über die Montag-Dienstag-Talente-Nacht bis zu Special Events während des Festivals – stets geht es in den Kellern der South Bridge ausgesprochen lebendig und laut zu.
Old Town • 4–6 South Bridge • Bus: South Bridge • www.whistlebinkies.com

THEATER & KONZERT
Festival Theatre ▶ S. 117, D 18
Das Festival Theatre wurde hauptsächlich für Gastspiele im Rahmen des **Edinburgh International Festival** (▶ S. 44) gebaut. 1994 wiedereröffnet als Inkarnation des vormaligen Empire Palace Theatre wird das Theater während der Festspielsaison zur Bühne für Opern- und Ballettaufführungen. Das restliche Jahr sind aufwendig inszenierte Musicals, internationale Ballett-Compagnien und eine Vielzahl sogenannter One-Night-Musical-Events zu sehen.
Old Town • 13/29 Nicolson St. • Bus: South Bridge • Tel. 5 29 60 00 • www.edtheatres.com

King's Theatre ▶ S. 116, C 18
Den ersten Grundstein für den Bau des Varietéetheaters hat im Jahr 1906 Andrew Carnegie gelegt, der schottische Philanthrop und Stahlmagnat

aus Dunfermline. Zahlreiche Stars wie Katharine Hepburn oder Jack Hawkins hat die Bühne seit der Eröffnung mit der Pantomime »Cinderella« seither angezogen. Wundervoll erhalten, gehört das charmante Theater zur Schatzkammer der Stadtgeschichte und ist eine Ikone der schottischen Theaterlandschaft.
Tollcross • 2 Leven St. • Bus: Tollcross • Tel. 5 29 60 00 • www.kingstheatre.org.uk

Royal Lyceum Theatre
▶ S. 116, B 18

Schönes, 1883 eingeweihtes, ehrwürdiges Theater mit 658 Sitzplätzen, Rängen, Balkonen und plastischen Schnörkeln. Äußerst abwechslungsreich präsentiert sich das Programm mit Klassikern ebenso wie modernen Stücken und Jugendtheater.
West End • 30B Grindlay St. • Bus: Usher Hall • Tel. 2 48 48 48 • www.lyceum.org.uk

The Stand Comedy Club
▶ S. 111, D 8

Live-Comedy sieben Tage die Woche, fulltime! Gegründet im Jahr 1995 als eine vorübergehende Plattform lokaler Komödianten, für die es auf dem Fringe Festival keine Bühne gab. Mittlerweile ausgesprochen erfolgreich und auch in Glasgow vertreten.
New Town • 5 York Pl. • Bus: Leith Street • Tel. 5 58 72 72 • www.thestand.co.uk

The Traverse ▶ S. 116, B 17

Klein, aber einflussreich widmet sich das Traverse vorzugsweise neueren Arbeiten des modernen europäischen Theaters. Regelmäßig finden hier während des Fringe Festivals die hochkarätigen Stücke statt.

Old Town • 10 Cambridge St. • Bus: Usher Hall • Tel. 2 28 32 23 • www.traverse.co.uk

Usher Hall ▶ S. 116, B 18

Mit über 2500 Sitzplätzen die bedeutendste Konzerthalle Edinburghs. Auf dem Programm stehen klassische Konzerte, Chöre und große Solisten. Das Haus ist Spielstätte des Royal Scottish National Orchestra, das traditionelle und Gegenwartsmusik sowie Popklassiker im Repertoire hat.
West End • Lothian Road • Bus: Usher Hall • Tel. 2 28 11 55 • www.usherhall.co.uk

MERIAN-Tipp

CEILIDHS

Ceilidhs sind schottische Tanzabende, die ihren Ursprung in der gälischen Kultur haben, als man sich noch gegenseitig in den Cottages besuchte, zusammensaß, Geschichten erzählte, tanzte und musizierte. Diese traditionellen Gesellschaftsabende, wo heitere keltische Musik mit Fideln, Flöten, Akkordeon und Gitarre gespielt und dazu getanzt wird, sind gerade in den letzten Jahren wieder populär geworden. Auch unter Jugendlichen oder zu Familienfesten und Hochzeiten ist es heute weit verbreitet, eine Band zu engagieren und die alten Tänze aufzuführen. Die Kinder lernen sie bereits in der Schule, aber die Schritte sind auch für Nichtschotten einfach zu erlernen. Ceilidhs finden mehrmals im Monat an unterschiedlichen Veranstaltungsorten statt.
www.edinburghceilidhs.com

Im Fokus

Schottischer Whisky
Entdecken Sie das schottische »Lebenswasser« auf Führungen, Verkostungen und in den zahlreichen Whiskybars.

Wer nach Edinburgh reist, kommt unweigerlich auch mit dem »Wasser des Lebens« in Berührung, das die Gälen »uisge-beatha« und die Angelsachsen »Whisky« nennen. Neben berühmten Erfindungen wie Telefon, Fernsehen, Penicillin und pneumatischen Reifen ist Whisky zweifellos die beliebteste Innovation der Schotten und wird auf der ganzen Welt konsumiert.

Wie Wein oder Cognac werden Whiskys heute als raffinierte, anspruchsvolle, komplexe Erzeugnisse vermarktet. Ein Getränk, das seine Herkunft reflektiert, Geschichten zu erzählen hat und immer feinsinniger und faszinierender wird, je mehr man darüber weiß und sich damit beschäftigt. Und je mehr man verkostet hat. Dabei sind die Zutaten einfach und unprätentiös wie in den ersten Tagen, als man den Quaich, einen Kelch, an den Nachbarn weiterreichte. Damals wie heute wird Whisky aus Gerste, Hefe und Wasser produziert, und auch an der Herstellungsweise hat sich vergleichsweise wenig geändert. Teilweise gekeimte Gerste liefert die Enzyme zur Verzuckerung der Stärke beim Maischen. Diese wird in einem Gärbehälter mit Hefe versetzt und zu einer bierähnlichen Flüssigkeit vergoren. In Kupferbrennblasen wird das fünf- bis zehnprozentige Bier mehrfach destilliert und zur Reifung für mehrere Jahre in Fässern gelagert. Aber trotz gleicher Zutaten

◀ Das Whisky Heritage Centre (▶ S. 41) eröffnet tiefere Einblicke in die Materie.

und identischer Herstellungsweise ist das Endprodukt immer ein anderes. Edinburgh selbst war bis zum 20. Jh. das Zuhause von einem Dutzend Brennereien, von denen nur noch die **North British Grain Distillery** erhalten ist, eine Fabrikanlage, die im Schatten des Tynecastle Fußballstadions mit Massenproduktion die Grundzutaten der Blended Whiskys destilliert. Vor den Toren der Stadt hat allerdings die **Glenkinchie Distillery** (▶ Spaziergänge und Ausflüge, S. 85) überlebt, eine von neun aktiven Brennereien in den Lowlands. Insgesamt gibt es in Schottland derzeit 99 Brennereien, in denen Whisky gebrannt wird. Man unterscheidet dabei sechs Herkunftsregionen: Highlands, Speyside, Lowlands, Islay, Inseln und Campbeltown, wobei fast die Hälfte der Brennereien heute in Speyside, hoch im Norden entlang des Flusses Spey, angesiedelt ist.

Events in Hülle und Fülle

Edinburgh zelebriert seine Whiskykultur mit einer Reihe Veranstaltungen und Tastings, Whisky Clubs und Restaurants sowie einer unüberschaubaren Vielzahl an urigen Pubs.

Edinburgh Whisky Fringe

Im Sommer findet während des Edinburgh Fringe Festivals auch ein dreitägiges Whiskyfestival statt, das seinesgleichen sucht. Das Gemeindehaus der früheren Church of Scotland wird dabei bis unter die Emporen mit Whisky und Rum gefüllt: Unter den farbintensiven Wandmalereien der Gewölbe und Kuppeln bieten alle größeren Destillerien und viele unabhängige Abfüller ihre flüssige Ware feil. Verwöhnte Gaumen können aus über 300 Whiskys, darunter teure Raritäten und Fassproben, wählen. Die Tickets werden über die Webseite von Royal Mile Whiskies verkauft und sind meist innerhalb von 10 Min. ausverkauft.
August • www.royalmilewhiskies.com • Eintritt 25 £

Whisky Heritage Centre
▶ S. 116, C 17

Das Whisky Heritage Centre im oberen Abschnitt der Royal Mile ähnelt einem Miniatur-Freizeitpark und versucht, über eine historische Perspektive Wissenswertes über die Trinkgewohnheiten der Schotten zu vermitteln. Die Fahrt an ausgestopften Puppen vorbei in Whiskyfässern mag manchem Besucher zwar etwas kitschig anmuten, einen tieferen Einblick in die Thematik gewinnt man aber allemal.
Old Town • The Royal Mile, 354 Castlehill • Tel. 2 20 04 41 • www.scotchwhiskyexperience.co.uk • Eintritt 12,50 £

Whisky Tasting in der
Tolbooth Tavern ▶ S. 117, E 17

Mark Davidson aka Jolly Toper ist der Manager von Cadenhead's, dem ältesten unabhängigen Whiskyabfüller Schottlands. Dieser lädt alle zwei Wochen zum Whisky Tasting auf die Royal Mile. Hier, im urigen Tolbooth Pub, kann man im Kreise gleichgesinnter Liebhaber ungewöhnliche, junge und alte, teure und erschwingliche Tropfen verkosten – gewürzt mit amüsanter, informeller Unterhaltung. Wer den Tastings nicht beiwohnen kann, sollte unbedingt im Laden vorbeischauen.
Canongate • Tolbooth Tavern, 167 Canongate • Anmeldung: Cadenhead's, 172 Canongate • Tel. 5 56 58 64 • www.jollypertastings.co.uk • Eintritt 18–25 £

Feste und Events
Im Sommer jagen sich die Termine der Musik-, Film-, Theater- und Kleinkunstfestivals geradezu. Und am Jahresende wird die Stadt bei Hogmanay zur Bühne einer rauschenden Silvesterparty.

◂ Die »Torchlight Procession« mit unzähligen Fackelträgern gehört zu den Höhepunkten von Hogmanay (▸ S. 45).

FEBRUAR
Six Nations Rugby

Ein Großereignis für Rugbyfans. Alle sechs wichtigen Rugbynationen (England, Frankreich, Irland, Italien, Schottland, Wales) geben sich im Nationalstadion Murrayfield die Ehre. Wer keine Karten hat: Fast alle Pubs bieten Liveübertragungen!
Ganzer Februar • Murrayfield • www.6nations.net

MÄRZ
Ceilidh Culture

Traditionelles Kunstfestival mit Liedern und Musik, Tanz und Storytelling. Auch Workshops und einige Kunstausstellungen bereichern das Programm.
www.ceilidhculture.co.uk

APRIL
Edinburgh International Science Festival

Internationale Wissenschaftler stellen ihre hochkomplexen Ideen einer breiten Masse verständlich vor. Gutes Programm für Kinder.
Anfang April • www.sciencefestival.co.uk

Beltane Fire Festival

Altes heidnisches Fest, bei dem Fruchtbarkeitsriten durchgeführt wurden. Heute eine große Veranstaltung auf dem Carlton Hill, wo Tänzer die Göttin des Frühlings samt Gemahl und tanzendem Gefolge darstellen. Verbunden mit einem spektakulären Feuer und nicht wenigen hochprozentigen Getränken.
30. April • www.beltane.org

> **MERIAN-Tipp**
>
> **BURNS SUPPER**
> Am Geburtstag ihres Nationalbarden gedenken die Schotten mit einem Burns Supper des Dichters Robert Burns. In Gemeindezentren, Vereinsräumen und Restaurants werden überall in der Stadt Dinner zelebriert, die einem ritualisierten Ablauf folgen. Das festliche Abendessen mit Haggis und Whisky wird von Gedichtvorträgen, Gedenkreden und Liedern begleitet und mit einer Ceilidh-Tanzveranstaltung abgerundet.
> 25. Januar

JUNI
Edinburgh Filmfestival

Das weitgefächerte Programm zieht Cineasten aus dem ganzen Land an. Matineen mit Stars und Sternchen sorgen für den nötigen Glamour.
Ende Juni • www.edfilmfest.org.uk

Pride Scotia

Größtes Fest für Schottlands Schwule, Lesben, Bisexuelle und Transsexuelle. Das Festival findet in den ungeraden Jahren in Edinburgh, in den geraden Jahren in Glasgow statt.
Letzter Samstag im Juni • www.pride-scotia.org

Royal Highland Show

Mehr Landwirtschaftsmesse als Festival, jedoch mit riesigem Ansturm. Die weltgrößten Schafscherwettbewerbe, Hütehundvorführungen und Falknerdarbietungen sind besonders für Kinder interessant.
Letztes Wochenende im Juni • www.royalhighlandshow.org

JULI

Edinburgh Jazz & Blues Festival

Zehntägiges Stelldichein von Jazz- und Bluesmusikern aus aller Welt. Ein Karneval mit Bands, Tänzern und Straßenentertainern leitet die Festivalsaison ein.
Ende Juli • www.edinburghjazz
festival.co.uk

AUGUST

Edinburgh Festival Fringe

Das Programm dieses alternativen Festivals hat Telefonbuchvolumen. Jeder halbwegs öffentliche Raum wird bespielt, ob Keller, Hörsaal oder Kirche, und jede Kultursparte bis in die kleinste Nische abgedeckt. Auf der High Street führen die Verteiler von Flyer und Broschüren geradezu Krieg. Wer nicht weiß, wonach er sucht, und sich ziellos inspirieren lässt, kann sich leicht überfordert fühlen. Das Ereignis ist mittlerweile das größte Kunstfestival der Welt, wo vor allem Liebhaber alternativer Sparten wie Stehgreif-Comedy, Akrobatik, Straßendarbietungen und Avantgardetheater bedient werden.
Erste 3 Augustwochen •
www.edfringe.com

Edinburgh Military Tattoo

Das populäre Musikfestival Military Tattoo auf der Burgesplanade ist meist im Voraus ausverkauft und wird in die ganze Welt übertragen. Es wird von durchschnittlich 220 000 Menschen live gesehen und spielt jedes Jahr 82 Mio. £ an Zusatzeinnahmen in die Kassen der Stadt.
Erste 3 Augustwochen •
www.edintattoo.co.uk

Edinburgh International Festival

Mit Oper, Ballett und Theater vertritt das EIF das klassische Repertoire. Es hat seine Wurzeln im Jahr 1947 und im Nachkriegsbemühen, »eine Plattform für das Blühen der menschlichen Seele zu schaffen«. Die Veranstaltungen konzentrieren sich größtenteils auf die festlichen Säle der Usher Hall, das eigens gebaute Festival Theatre, auf berühmte Orchester und Stars wie Peter Steiner und William Forsythe.
Ganzer August • www.eif.co.uk

Edinburgh Book Festival

Lesungen, Diskussionsrunden und Buchsignierungen. Hier dreht sich alles um das geschriebene Wort. Über 800 Novellisten und Poeten, Wissenschaftler und Politiker, Illustratoren und Grafikdesigner, Nobel- und Buchpreisgewinner nehmen an den gut 750 Veranstaltungen teil.
2. und 3. Augustwoche • Charlotte Square • www.edbookfest.co.uk

---

MERIAN-Tipp

FEIS NA GÀIDHLIG

Wer sagt denn, dass Gälisch eine aussterbende Sprache ist? Auf dem Frühlingsfestival feiert die gälischsprachige Gemeinde die Schönheit ihrer Mundart und Kultur. Musikkonzerte, Lesungen, Workshops sowie Filme, Ausstellungen und kulinarische Finessen im kleinen Rahmen. Auch Sprachkurse laden zum Reinschnuppern ein. Wer authentische gälische Kultur erleben möchte, sollte diesen Termin nicht verpassen.
2. Maiwochenende • www.feisna
gaidhlig.com • das Programm wird per Aushang bekanntgegeben

Feste und Events

> **WUSSTEN SIE, DASS …**
>
> … Edinburgh zur ersten und einzigen UNESCO City of Literature ernannt wurde? Mit dieser Ehrung wurde 2004 das reichhaltige literarische Erbe der Stadt gewürdigt.

SEPTEMBER
Mela Festival
Das Festival im Stadtteil Leith wurde ursprünglich von der asiatischen Bevölkerung initiiert und feiert die Mannigfaltigkeit und kulturelle Vielfalt der Stadt. Musik, Tanz, Kunst und Speisen aus der ganzen Welt.
1. Wochenende im September • www.edinburgh-mela.co.uk

OKTOBER
Halloween
Das alte keltische Heidenfest in der Nacht vor Allerheiligen wird als Gegenstück zum Beltane Festival mit einer Parade auf der Royal Mile zelebriert. Schon Wochen vorher basteln Kinder und Eltern an der gruseligen Kostümierung. Je schrecklicher, desto besser. Auch die Erwachsenen feiern auf unzähligen Partys.
31. Oktober

DEZEMBER
Edinburgh Winter Festival
Auf Glühwein, Stollen und kandierte Früchte müssen Sie auch im Norden der britischen Insel nicht verzichten. Mit einem deutschen Weihnachtsmarkt, Eislaufen im Princess Street Garden und diversen Veranstaltungen lockt die Hauptstadt Besucher auch in der Vorweihnachtszeit an. Das Riesenrad und die weihnachtliche Stadtbeleuchtung werden mit einem Feuerwerk eingeweiht. Letzter Novemberdonnerstag bis erster Januarsonntag • www.edinburghschristmas.com

Hogmanay
Das schottische Pendant zum New Year (Silvesterfeier) wird besonders ausgelassen gefeiert. Bereits am 30. Dezember bilden Tausende Fackelträger ein Feuerband, das von der Royal Mile bis zum Carlton Hill führt. Am Silvesterabend schließlich kulminiert das Treiben in einer riesengroßen festlichen Straßenparty. Verschiedene Bühnen, Konzerte und der weltgrößte Ceilidh (traditionelle Tanzveranstaltung) locken unzählige Menschen an. Um Mitternacht wird traditionell »Auld Land Syne« gesungen und ein Feuerwerk auf allen sieben Hügeln der Stadt entzündet. Für die Straßenparty auf der Princes Street müssen rechtzeitig Karten erworben werden.

> **WUSSTEN SIE, DASS …**
>
> … der Jahreswechsel in Edinburgh als die größte Silvester-Straßenfeier in ganz Europa gilt? Mehr als 100 000 Nachtschwärmer versammeln sich dann in ausgelassener Stimmung im Princes Street Garden.

Mit der Party ist Hogmanay aber noch nicht vorüber. Am 1. Januar beginnt dann der Brauch des »First Footing«, der sich auf zwei bis drei Tage ausdehnen kann. Dabei zieht man mit einer Flasche Whisky und Geschenken von Haus zu Haus. Tritt man als Erster über die Türschwelle von Freunden und Nachbarn, steht ein glückliches Jahr bevor.
30. Dezember bis 1. Januar • www.edinburghshogmany.org

Familientipps
Die täglich stattfindende Pinguinparade im Zoo ansehen, das spannende Museum of Childhood erkunden und eine Vogelkolonie beobachten – langweilig wird's in und um Edinburgh nie!

◄ Im Seabird Centre (▶ MERIAN-Tipp, S. 47) steht die Basstölpelkolonie von Bass Rock im Mittelpunkt.

Camera Obscura ▶ S. 116, C 17

Die Welt der Illusion! Die Optikerin Maria Short erschuf im Jahr 1850 dieses System aus Spiegeln, die ein Periskopbild der Stadt auf eine weiße Wand projizieren. Alle bedeutenden Landmarken lassen sich durch die viktorianische Linse erkennen. Mithilfe mächtiger Teleskope auf dem Dach kann man voyeuristische Blicke auf das Stadtleben einfangen. Lautes Lachen hört man vor allem aus der Ecke der Zerrspiegel.
Old Town • 549 Castlehill • Bus: Johnston Terrace • Tel. 2 26 37 09 • www.camera-obscura.co.uk • April–Juni, Sept., Okt. tgl. 9.30–19, Juli, Aug. tgl. 9.30–21, Nov.–März tgl. 10–18 Uhr • Eintritt 10,95 £, Kinder 7,95 £

Craigie's Farm ▶ Klappe hinten, d 4

Die Farm etwa 7 km außerhalb von Edinburgh ist eine Erlebniswelt für Klein und Groß. Der Nachwuchs kann das Farmleben ausgiebig erkunden, Schweine, Hühner und Schafe beobachten und die vom Greenpeace Trust angelegten Naturpfade mit Pferd und Fahrrad erobern. Wer will, pflückt in den Sommermonaten Erdbeeren, Stachelbeeren, Himbeeren und Johannesbeeren. Die Webseite der Farm informiert über den jeweiligen Reifezustand der Früchte.
Ein Großteil der auf der Farm angebauten Früchte und Gemüse werden verarbeitet und im angegliederten Delikatessenladen sowie im Restaurant weiterverkauft: Eier, Marmeladen und Chutneys, Quiches und Salate. Die restlichen Produkte und das Fleisch der Farm werden von kleinen lokalen Unternehmen angekauft.
South Queensferry, West Craigie Farm • Tel. 3 19 10 48 • www.craigies.co.uk
7 km westl. von Edinburgh

MERIAN-Tipp

NORTH BERWICK & SCOTTISH SEABIRD CENTRE
▶ Klappe hinten, e/f 4

Dort, wo die Küstenstadt North Berwick zwischen Berg und Dünengras residiert, öffnet sich der Fjord zum Meer hin. Seiner Sandstrände und Panoramen wegen war North Berwick schon immer ein beliebter Ferien- und Badeort. Der pittoreske Hafen ist zu beiden Seiten von breiten, wilden Stränden eingerahmt, die zum Streunen und Tagträumen einladen. Vor allem Kinder begeistern sich für das Plantschbecken. Aus dem Meer erhebt sich **Bass Rock,** ein vulkanisches Eiland, das der weltgrößten Basstölpelkolonie einen Lebensraum bietet. Auf Bootsausflügen lässt sich die berühmte Vogelinsel umrunden. Nicht selten erblickt man Robben und Delfine. Im Scottish Seabird Centre können die brütenden Vögel mit Kameras und Fernrohren dann ausgiebig observiert werden.
North Berwick, Harbour Terrace • Züge stdl. von Edinburgh, Fahrtdauer ca. 45 Min. • Tel. 0 16 20/89 02 02 • www.seabird.org • Sept.–März Mo–Fr 10–17, Sa, So bis 17.30, April–Aug. tgl. 10–18 Uhr • Eintritt 7,95 £, Kinder 4,95 £, verschiedene Bootstouren ab 15 £, Kinder ab 9 £
40 km östl. von Edinburgh

ZU GAST IN EDINBURGH

Deep Sea World ▶ Klappe hinten, d 4

Direkt unter der gigantischen Eisenbahnbrücke im malerischen Ort North Queensferry ist in einem riesigen Aquariumtunnel die Unterwasserwelt zu entdecken: Myriaden von Fischen, Amphibien, Meerespflanzen und Robben. Besonders Mutige können während einer Unterwassersafari mit Haien, Aalen, Rochen und über 1000 anderen Fischen tauchen.
North Queensferry • Battery Quarry • Zug von Edinburgh, Fahrt ca. 23 Min. • Tel. 0 13 83/41 18 80 • www.deepseaworld.com • Mo-Fr 10-17, Sa, So 10-18 Uhr • Eintritt 13 £, Kinder 8,75 £
40 km nordwestl. von Edinburgh

Edinburgh Zoo ▶ S. 114, B 14

Der Zoo ist nach dem Edinburgh Castle die zweitgrößte Touristenattraktion und wird jährlich von 600 000 Besuchern aufgesucht. Auf dem 32 ha großen Gebiet leben mehr als 1000 Tiere. Bedingt durch das überwiegend kühle Klima hat sich der Zoo in den letzten Jahren auf Säugetiere und Vögel konzentriert, dennoch finden sich im Discovery Centre auch noch einige Reptilien und Amphibien. Die größte Attraktion sind die einzigen Koalas und der einzige Eisbär Britanniens, ein Weibchen namens »Mercedes«.
Eine lange Tradition hat das Gehege der Pinguine. Diese kamen durch eine Walfangexpedition im Januar 1914 nach Edinburgh und umfassen Königspinguine, Eselspinguine und Felsenpinguine. Jeden Tag kann man aufs Neue der berühmten Pinguinparade beiwohnen, die 1950 aus Versehen ihren Anfang nahm, als ein paar Vögel ausrissen. Unter den Säugetieren befinden sich indische Nashörner, ein Jaguarpaar, asiatische Löwen und Sumatra-Tiger, die aus dem Heidelberger Zoo stammen.
Castorphine • 134 Corstorphine Rd. • Bus: Edinburgh Zoo • Tel. 3 34 91 71 • www.edinburghzoo.org.uk • April–Sept. tgl. 9–18, Okt.–März tgl. 9–17, Nov.–Feb. tgl. 9–16.30 Uhr • Eintritt 15,50 £, Kinder 11 £

Gorgie City Farm ▶ S. 115, F 15

Kühe, Schafe, Ponys, Schweine, Hühner und Enten: Auf der Stadtfarm können sich Kinder in den Farmalltag einbringen, Tiere füttern und streicheln und Gehege säubern. Die Farm, die in den Achtzigerjahren als gemeinnützige Organisation gegründet wurde, bietet Kurse in Landwirtschaft, Gärtnern und Handwerk an. Geführte Rundgänge dauern ca. 1 Std. Anschließend mag man sich bei einer heißen Schokolade und Selbstgebackenem stärken.
Gorgie • 51 Gorgie Rd. • Bus: Gorgie City Farm • Tel. 3 37 42 02 • www.gorgiecityfarm.org.uk • tgl. 9.30–16 Uhr • Eintritt frei, Spenden erwünscht

International Climbing Arena
▶ Klappe hinten, d 4

Die weltgrößte Kletterhalle ist ein Paradies für aktive Familien. Klettern, Bouldern, Abseilen: Hier kann man sich an allen möglichen Formationen, von Berkämmen bis zu Brandungspfeilern, ausprobieren. Ein Fitnessstudio rundet die Aktivitäten ab, im Spa-Bereich darf man entspannen. Kinder erwartet ein riesiger, fantasievoller Softplay-Bereich mit Rutschen, Tunneln und Kletterstellen.
Ratho • South Platt Hill Newbridge • Bus: Union Canal Cent • Tel. 3 33 63 33 • www.eica-ratho.com • Sa–Do, 9–17, Fr 10–17 Uhr • Eintritt ab 6,30 £, Kinder ab 4,20 £

Familientipps

Ob Quantenmechanik, Urknall oder Plattentektonik – Our Dynamic Earth (▶ S. 49) macht komplexe naturwissenschaftliche Zusammenhänge interaktiv erfahrbar.

Museum of Childhood
▶ S. 117, D 17

Das »geräuschvollste Museum der Welt« ist bei Jung und Alt gleichermaßen beliebt und das erste in Großbritannien, das sich auf die Geschichte der Kindheit spezialisiert hat. Das bunte Schatzhaus enthält Spielzeug und Spiele, Puppen und Eisenbahnen aus aller Welt. Während Kinder zum Mitmachen eingeladen sind, können Erwachsene in Erinnerungen an ihre Kindheit schwelgen. Bücher, Kleidung, Medizin und Hygieneartikel illustrieren, wie der Nachwuchs früher aufgezogen wurde.
Old Town • 42 High St. • Bus: Jeffrey Street, Royal Mile • Tel. 5 29 41 42 • www.edinburghmuseums.org.uk/venues/museum-of-childhood • Mo–Sa 10–17, So 12–17 Uhr • Eintritt frei

Our Dynamic Earth ▶ S. 117, E 17

Kleine und große Besucher werden auf einer Zeitreise ganze 14 Mrd. Jahre zurückkatapultiert. Das Wissenschaftsmuseum, das auf Schulkinder ausgerichtet ist, untersucht den Urknall, die Entstehung der Planeten, tektonische Bewegungen und Vulkanismus, Evolution, Wetter und Klima. Hier kann man sich lange aufhalten, da die interaktive Ausstellung zum Mitmachen einlädt. So können Kinder einen Mini-Eisberg anfassen oder der primordialen »Ursuppe« beim Brodeln zusehen. Bei einem anschließenden Spaziergang auf dem stadteigenen Hausvulkan bietet es sich an, das eben Erlernte gleich in Erinnerung zu rufen.
Canongate • 112–116 Holyrood Rd. • Bus: Dynamic Earth • Tel. 5 50 78 00 • www.dynamicearth.co.uk • tgl. 10–17.30, Juli–Aug. bis 18 Uhr, Nov.–März Mo, Di geschl.

👪 Weitere Familientipps sind durch dieses Symbol gekennzeichnet.

Vom Princes Street Garden (▶ S. 63) blickt man hinauf auf das Edinburgh Castle (▶ S. 54). Hier werden Schottlands Kronjuwelen verwahrt.

Unterwegs
in Edinburgh

Das »Athen des Nordens« glänzt mit Sehenswürdigkeiten im Überfluss. Vor allem die Aussichtsberge lohnen den Aufstieg und bieten schöne Panoramablicke.

Sehenswertes
Die City mit der Old Town und der New Town bleibt überschaubar und lässt sich gut zu Fuß erkunden. Mittelpunkt des städtischen Lebens ist die schnurgerade Royal Mile, die »königliche Meile«.

◀ Der Uhrturm des Balmoral Hotel ist eine weithin sichtbare Landmarke auf der geschäftigen Princes Street (▶ S. 63).

Hoch über der Stadt thront die mehr als 800 Jahre alte Burganlage, das **Edinburgh Castle**, der höchste Punkt der Altstadt. Hier fing die Stadtgeschichte an, als die Pikten im 6. Jh. eine Festung errichteten. Die Burgesplanade geht nahtlos in die **Royal Mile** über, die »königliche Meile«, die zum Holyrood Palace hinunterführt. Mit ihren Souvenirläden, historisch-gemütlichen Pubs und Restaurants ist sie das Rückgrat der Altstadt und steht im Fokus von vielen Hunderttausenden Besuchern jedes Jahr.

Zwischen Edinburgh Castle und Palast führt eine Vielzahl kleiner Gassen in stille Hinterhöfe, wo Anwohner die Wendeltreppen zu ihren Wohnungen hinaufsteigen und einige kleine versteckte Museen zu finden sind.

Nördlich der Altstadt durch den Princes Street Garden getrennt, durch die North Bridge und The Mound, einen künstlich aufgeschütteten steilen Hügel, miteinander verbunden, residieren die eleganten neoklassizistischen Terrassen der **New Town**. Das mehr als 250 Jahre alte Wohnviertel wohlhabender Kaufleute gehört heute zum UNESCO-Weltkulturerbe und zeigt sich als meisterhafter Ausdruck der schottischen Aufklärung. In der kulturell vibrierenden Regierungszeit der Georg-Monarchen I bis IV (1714–1830) begann man das kleine, übervölkerte Edinburgh hell, weitläufig und elegant auszubauen. Mit einem deutlichen Bezug auf die Klassik der Griechen und Römer entwickelte die georgianische Architektur einen ausgeprägten Sinn für Proportion, Balance und Gesetzmäßigkeit.

SEHENSWERTES

Arthur's Seat
▶ Spaziergänge, S. 78

Calton Hill ⭐ ▶ S. 111, D 8
Der Aussichtsberg im Stadtzentrum sollte im 19. Jh. Edinburghs Ruf als »Athen des Nordens« manifestieren. 1826 begann man mit dem Bau der schottischen **Akropolis**, doch drei Jahre später musste die Arbeit wegen Geldmangels gestoppt werden. Bis heute ragen die Säulen zusammenhanglos in den Himmel. Den Touristen gefällt es, sie bewundern von hier die grandiose Aussicht über die Stadt. Das teleskopähnliche **Nelson Monument** wurde 1807 in Erinnerung an Admiral Lord Nelsons Sieg bei Trafalgar gebaut. Jeden Tag fällt der Zeitball auf dem Dach punkt 13 Uhr synchron zur »one o'clock«-Kanone an der Burg hinunter. Das Zeitsignal diente einst den Schiffskapitänen im Hafen zum Stellen ihrer Chronometer. Das Monument kann besucht und von der Aussichtsplattform die Altstadt aus der Vogelperspektive bewundert werden.

Calton • Bus: Waterloo Place • April–Sept. Mo–Sa 10–19, So 12–17, Okt.–März Mo–Sa 10–15 Uhr • Eintritt 3 £

Canongate Kirk ▶ S. 117, E 17
Die 1688 erbaute Kirche sollte die alte Holyrood Abbey durch eine neue Gemeindekirche ersetzen. Auf dem Friedhof stehen die Gräber vieler Berühmtheiten wie Adam Smith, Begründer der freien Marktwirtschaft, oder von Poet Robert Fergusson, den Robert Burns so sehr bewunderte, dass er ihm Grabstein und Inschrift stiftete. Auch das Grab David Rizzios soll sich hier befinden, des italienischen Sekretärs und vermeintlichen

Liebhabers der Königin Maria Stuart, der vor ihren Augen im Palast von ihrem eifersüchtigen Gemahl Lord Darnley ermordet wurde (▶ S. 58).
Old Town • 153 Canongate • Bus: Huntly House Museum • www.canongatekirk.org.uk • Mo–Sa 10–16, So 13–16 Uhr • Eintritt frei

Charlotte Square ▶ S. 116, B 17

Als einer der schönsten und reichsten georgianischen Plätze Europas war der Charlotte Square Wohnsitz vieler Berühmtheiten, Adligen, Doktoren – der Inbegriff für Wohlstand und Komfort. Die klassizistische Nordfront gilt als Meisterwerk des schottischen Architekten Robert Adams. Haus Nr. 6 ist das **Bute House**, die offizielle Residenz des Ersten Ministers – eine Art schottisches Pendant zu 10 Downing Street in London.
New Town • Bus: George Street West

City Chambers ▶ S. 117, D 17

In der früheren Royal Exchange, der königlichen Börse, haben sich die Stadthändler nach ihren Geschäften auf der Straße zurückgezogen, getrunken, gegessen und geschäftliche Kontakte geschlossen. Seit dem Jahr 1811 befindet sich das **Rathaus** darin. Das von Robert Adam entworfene Gebäude wurde 1760 direkt über die **Mary King's Close** gebaut, die für Jahrzehnte unbewohnt gewesen war und angeblich von den Geistern der 1645 dort zu Tode Gekommenen heimgesucht wurde (▶ S. 60). Die beiden opulenten Kronleuchter sind ein Geschenk der Partnerstadt München. Die Statue Alexander des Großen stammt von John Steell, einem Skulpturenkünstler aus Aberdeen.
Old Town • 253 High St. • Bus: Royal Mile • Mo–Fr 10–16 Uhr • Eintritt frei

Dean Village ▶ S. 115, F 13

Die von den Stiftsherren des Holyrood-Klosters im 12. Jh. gegründete Mühlensiedlung liegt im Tal des Water of Leith. Noch um 1700 gab es hier elf Wassermühlen, die für die städtischen Bäcker das Mehl bereiteten. Die 27 m hoch über den Fluss führende **Dean Bridge** wurde von Thomas Telford entworfen und im Jahr 1832 fertiggestellt, damit die New Town weiter nach Nordwesten expandieren konnte. Durch die Dorfidylle mit ihren denkmalgeschützten Häusern kann man wunderbar bummeln (▶ Spaziergänge, S. 81).
Dean Village • Bus: Drumsleugh Place

Edinburgh Castle 2 ▶ S. 116, C 17

Auf dem vor 340 Mio. Jahren erloschenen Vulkan wurde im 7. Jh. die **Din Eidyn** (Gälisch: Burg Eidyns) gebaut, die im 12. Jh. unter König Malcom III. und seiner Frau Margaret zur Hauptfestung der schottischen Monarchie avancierte. Im Kronsaal sind die schottischen Throninsignien, die ältesten Kronjuwelen Europas, ausgestellt. Die Krone, mit Perlen, Edelsteinen und Hermelin geschmückt, wurde für Jakob V. angefertigt.

Auf dem **Stone of Destiny**, einem unbehauenen Sandsteinblock, wurden 400 Jahre lang die schottischen Könige gekrönt, bis der Stein im 13. Jh. von Eduard I. entwendet und nach England verschleppt wurde. Erst 1996 ging der symbolische Stein aus

> **WUSSTEN SIE, DASS …**
>
> … ein 1237 m langes elektrisches Kabel das Nelson Monument auf dem Calton Hill mit der Burgkanone verband? Es war 1861 das längste Kabel der Welt.

Westminster zurück nach Edinburgh. Bei einem Abstieg in die Gewölbe und Verliese, in die Lagerräume, Bäckereien und Gefängniszellen wird der Burgalltag lebendig. An der Nordseite der Anlage steht das älteste Gebäude Edinburghs, die kleine **St. Margaret's Chapel**, die aus dem 12. Jh. stammt und der älteste Kirchenbau des Landes ist. Unterhalb der Kapelle wird um 13 Uhr (Mo–Sa) die »one o'clock gun« gefeuert – und dies seit 1861. Militärhistorisch Interessierte werden am **Militärmuseum** sowie am **Regimental Museum** ihre Freude haben. Auf der Esplanade vor der Burg, die erst im 18. Jh. als Exerzierplatz angelegt wurde, findet im August die **Military Tattoo** statt, eine Militärparade, die von durchschnittlich 200 000 Zuschauern besucht und von mehr als 100 Mio. Menschen am Fernseher verfolgt wird.
Old Town • Castlehill • Bus: Victoria Street • www.edinburghcastle.gov.uk • April–Sept. tgl. 9.30–18, Okt.–März tgl. 9.30–17 Uhr • Eintritt 16 £, Kinder 9,20 £

Edinburgh University
▶ S. 117, D 17

Die im 16. Jh. gegründete Universität ist die viertälteste Schottlands und eine der größten und prestigeträchtigsten der Welt. Besonders die Medizin, Geistes- und Sozialwissenschaften haben einen exzellenten Ruf und können auf zahlreiche berühmte Geistesgrößen zurückblicken wie David Hume, Adam Smith, Darwin, Bell, Stevenson und nicht zuletzt Ex-Premier Gordon Brown. Auf den drei Campus tummeln sich ca. 26 000 Studenten. Das **Old College** an der South Bridge wurde 1789 von Robert Adam entworfen und beherbergt das Institut der Jurisprudenz.
Old Town • South Bridge • Bus: South Bridge

Fettes College ▶ S. 110, westl. A 7

Edinburgh hat den Ruf, Zentrum der Noblesse zu sein, und ist eine Hochburg exklusiver Privatschulen, die an Pracht mit dem Castle konkurrieren. Beste Beziehungen bringt mit, wer wie Tony Blair oder Tilda Swinton

Wegzeiten (in Minuten) zwischen wichtigen Sehenswürdigkeiten
*mit öffentlichen Verkehrsmitteln

	Calton Hill	Edinburgh Castle	Fettes College	Grassmarket	Holyrood Palace	Leith	National Museum	Royal Botanic Garden	Royal Mile	Royal Yacht Britannia
Calton Hill	–	20	40	20	15	40	20	35	13	45
Edinburgh Castle	20	–	35	9	18	48	8	30	6	58
Fettes College	40	35	–	36	50	50	43	8	45	45
Grassmarket	20	9	36	–	20	50	8	30	12	60
Holyrood Palace	15	18	50	20	–	35	20	43	12	45
Leith	40	48	50	50	35	–	50	48	48	15
National Museum	20	8	43	8	20	50	–	40	8	55
Royal Botanic Garden	35	30	8	30	43	48	40	–	40	35
Royal Mile	13	6	45	12	12	48	8	40	–	60
Royal Yacht Britannia	45	58	45	60	45	15	55	35	60	–

WUSSTEN SIE, DASS …

… Sean Connery in Edinburgh aufwuchs und als Junge Milch austrug – unter anderem auch zum Fettes College? In der teuren Privatschule wurde auch die fiktive Gestalt des James Bond ausgebildet, bevor sie als 007 nach London zog.

das Fettes College absolviert hat. Die Privatschule im Design eines Loire-Château wird stets unter den besten Schulen der Insel genannt und gilt als das Eton von Schottland. Es soll Vorbild für Harry Potters Zauberinternat Hogwarts gewesen sein und ist zugleich Internat und Tagesschule. Seit 1970 sind auch Mädchen zugelassen. Nur von außen zu besichtigen.
Comely Bank • East Fettes Avenue • Bus: Western General • www.fettes.com

MERIAN-Tipp

SHOPPING AM GRASSMARKET
▶ S. 116, C 17/18

Bis in die Achtzigererjahre gehörte der Grassmarket zu den Slums von Edinburgh und beherbergte arme Immigranten und Obdachlose, bis er zum quirligen Ausgehviertel avancierte. Urige Pubs und Restaurants, kleine Boutiquen und ausgefallene Secondhandläden reihen sich heute aneinander. In den Sommermonaten bevölkern Einheimische wie Touristen in Scharen den lebendigen Platz und genießen ihre Getränke unter freiem Himmel. Am Abend gibt es oft Livemusik und während des Festivals reguläre Darbietungen.

Grassmarket ▶ S. 116, C 17/18

Auf dem charmanten historischen Marktplatz unterhalb der Altstadt wurden bis 1911 Getreide sowie Pferde und Rinder verkauft, für die der steile Aufstieg in die Altstadt zu beschwerlich gewesen wäre. Mehr als 500 Jahre lang diente der Grassmarket zudem als Versammlungsort und Schauplatz für öffentliche Hinrichtungen. Für die makaberen Spektakel wurde ab dem 16. Jh. die berüchtigte schottische Guillotine namens Maiden verwendet. Wie Tribünen vermietete man die umliegenden Wohn- und Mietshäuser zu diesen Anlässen an Schaulustige. Die Opfer wurden vor den Hinrichtungen angeblich noch auf einen letzten Drink ins **White Hart Inn** gebracht, einen früheren Kutscher-Gasthof, der heute beansprucht, ältestes Pub von Edinburgh zu sein. Der **Bow-Well-Brunnen** stellte ab 1681 das erste Frischwasser für die Stadt bereit. Die meisten Gebäude datieren aus den Jahren um 1800, einige Häuser auf der Nordostseite wie das White Hart Inn haben aus dem 17. Jh. überlebt.
Old Town • Grassmarket • Bus: Gilmours Entry • www.grassmarket.net

Greyfriars Kirk und Kirkyard
▶ S. 116, C 18

Auf dem Grundstück des Franziskanerordens Grey Friars 1620 erbaut, war das Gotteshaus das erste, das nach der Reformation in Edinburgh entstand. 1638 wurde hier der **National Convenant** unterzeichnet, ein Dokument gegen den Versuch Karl I., die Verfassung der anglikanischen Kirche auf Schottland zu übertragen und damit die Kirche dem Staat zu unterwerfen. Die Gottesdienste werden hier jeden Sonntag in gälischer

Sprache abgehalten. Der Friedhof ist der älteste von Edinburgh, und an der Westseite stehen noch Teile der früheren Stadtmauer. Die sogenannte **Flodden Wall** wurde im 16. Jh. nach der Niederlage der Schotten in der Schlacht von Flodden errichtet.

Unter den alten bemoosten Monumenten und Grabsteinen wurden nicht nur bekannte Persönlichkeiten wie der Poet Allan Ramsay und der Architekt William Adam beerdigt, sondern auch »**Greyfriars Bobby**«. Der Skye Terrier ist der eigentliche Grund für den touristischen Aufmarsch im Sommer. Nachdem sein Herrchen, ein alter Wachtmann, an Tuberkulose starb, soll Bobby 14 Jahre lang jeden Tag an seinem Grab gesessen und damit nicht nur den damaligen Bürgermeister William Chambers gerührt haben. Die Kunde der Anhänglichkeit verbreitete sich schnell, und nach seinem Tod 1872 wurde vor dem Eingang zum Kirchhof, auf der George IV. Bridge, eine Statue aufgestellt. Diese ist mittlerweile einer der meistfotografierten Sehenswürdigkeiten in Edinburgh.
Old Town • Greyfriars Place • Bus: Victoria Street • www.greyfriarskirk.com • April–Okt. Mo–Fr 10.30–16.30, Sa 11–14 Uhr • Eintritt frei

George Heriot's School
▶ S. 116, C 18

George Heriot war der königliche Juwelier von James VI. und Königin Anne von Dänemark und derart reich, dass er dem Königshaus nicht selten wie eine Bank Geld verlieh. Es wird erzählt, dass er bei einem Besuch im Holyrood Palace den König vor einem Kaminfeuer mit Edelholz angetroffen und gesagt haben soll, er könne dem König in seinem Juweliergeschäft ein erleseneres Feuer zeigen. Als der König schließlich von Neugier getrieben in den Laden kam, brannte dort nur ein ganz gewöhnli-

Skye Terrier »Bobby«: Seine Treue über den Tod hinaus haben die Edinburgher mit einem lebensgroßen Denkmal auf dem Greyfiars Kirkyard (▶ S. 57) gewürdigt.

Holyrood Palace (▶ S. 58) schließt die Royal Mile (▶ S. 64) im Osten ab. Schon Maria Stuart residierte hier, und auch die Queen kommt jedes Jahr eine Woche zu Besuch.

ches Feuer. »Soll dies das gepriesene Feuer sein?«, fragte der König pikiert. »Warten Sie Eure Hoheit, ich hole den Brennstoff!«, antwortete Heriot und warf ein 2 Mio. teures Geschmeide ins Feuer. Als George Heriot starb, vererbte er den Großteil seines Vermögens der Stadt Edinburgh mit der Auflage, ein Internat zur Erziehung armer, vaterloser Jungen zu errichten. Bis heute nimmt diese ansonsten teure Privatschule einen bestimmten Anteil an Halbwaisen auf. Das Anwesen und der Innenhof können besichtigt werden.
Lauriston Place • Bus: Lauriston Terrace • Mo–Fr 10–15.30 Uhr • Eintritt frei

Holyrood Palace 4 ▶ S. 117, F 17

Der Palast ist die offizielle Residenz von Queen Elizabeth II., wenn sie im Sommer für eine Woche zu Besuch nach Edinburgh kommt. Während dieser Zeit sind natürlich keine Besichtigungen des Palastes möglich. Die Kulisse für alle Staatszeremonien wurde Ende des 15. Jh. für Jakob IV. gebaut und im 17. Jh. umfassend erneuert. Dem Zeitgeist verpflichtete Architekten führten bei der Restaurierung das barock-klassizistische Gepräge ein: symmetrische Fassaden mit zwei Türmen, Innenhof, Stuck- und Holzarbeiten in den Staatsgemächern und eine Gemäldegalerie mit 89 schottischen Monarchen.
Aufregend ist der Aufstieg über die Wendeltreppe in die historischen **Gemächer Maria Stuarts**. Im Schlafzimmer der schottischen Königin soll sich 1566 das Drama um David Rizzio abgespielt haben, wo der Ehemann den vermeintlichen Liebhaber mit 50 Dolchstößen ermordete. Der Blutfleck soll noch Jahrzehnte später zu sehen gewesen sein, was der Schriftsteller Theodor Fontane während seines Besuches ziemlich

geschmacklos fand. Hinter dem Palast stößt man auf die Reste der alten **Augustinerabtei**, die 1128 von David I. gegründet wurde. Die Kirche wurde während der Reformation mehrfach von einem aufgebrachten Mob zerstört, schließlich kollabierte das Dach der Abtei im 18. Jh. Neben dem Schloss befindet sich heute die **Queen's Gallery** (▶ S. 72).
Holyrood • Canongate • Bus: Holyrood Parliament • www.royalcollection.org.uk/visit/palaceofholyroodhouse • April–Okt. tgl. 9.30–18, Nov.–März 9.30–16.30 Uhr • Eintritt 10,75 £, Kinder 6,50 £

John Knox House ▶ S. 117, D 17

Das aus dem Jahr 1470 stammende Stadthaus gehörte James Mosman, dem Goldschmied von Maria Stuart, und wurde die letzte Residenz des kontroversen Reformators John Knox. Mit seinen Holzgalerien, bemalten Decken und Stufengiebeln ist das Gebäude ein typisches Beispiel der mittelalterlichen Stadtarchitektur. In den beiden unteren Etagen boten Fischhändler, Buchverkäufer, Maler und Kiltschneider ihre Produkte feil, in den oberen Etagen lebte die Prominenz der schottischen Society. Direkt gegenüber wachte in früherer Zeit das **Netherbow**, Edinburghs mittelalterliches Stadttor, an das heute nur noch eine Gedenktafel erinnert, über den Zustrom in die Stadt. Eine Ausstellung über drei Etagen erzählt die Geschichten berühmter Einwohner und den dramatischen Konflikt der Reformation. Das Haus verschmolz 2006 mit dem von Malcolm Fraser entworfenen **Scottish Storytelling Centre**, ein Forum für eine der ältesten Kunstformen – das Geschichtenerzählen.
Old Town • 45 High St. • Bus: Royal Mile • www.scottishstorytellingcentre.co.uk • Mo–Sa 10–18, Juli, Aug. Mo–So 12–18 Uhr • Eintritt 4,25 £, Kinder 1 £

Leith ▶ S. 111, E/F 5/6

Der lebendige, multikulturelle Stadtteil ist seit dem 14. Jh. Edinburghs Meerhafen. In den Zwanzigerjahren eingemeindet liegt das Viertel etwa 1,5 Meilen vom Zentrum entfernt. Wie viele Hafengebiete war Leith lange Zeit ein recht heruntergekommenes, verruchtes Quartier und wurde vor allem nach dem Niedergang der Seefahrt und der Schiffsindustrie dem Verfall preisgegeben. Bekannt als europäische Drogenhauptstadt sowie für Verbrechen und Prostitution war Leith die Kulisse für Irvine Welshs Kultbuch »Trainspotting«.
Seit den Achtzigerjahren wurde der Hafen revitalisiert: Viele alte Industriestätten, Speicher- und Warenhäuser wurden zu Wohnungen, Bars und Restaurants umfunktioniert. In den Neunzigerjahren bezog die schottische Exekutive einen modernen Bau an den Docks. Seitdem hat ein gutsituiertes Klientel für einen kommerziellen Aufstieg gesorgt.
Die Wasserfront »The Shore« ist der attraktivste Teil des alten Leith. Bis ins 19. Jh. hinein befanden sich hier die originalen Kais, bevor der Hafen weiter nach außen verlagert wurde. Im Mittelalter florierte der Handel mit Holz, Pelz und Salz, im 18. Jh.

WUSSTEN SIE, DASS …

… die ersten Golfregeln in Edinburgh erfunden wurden und im Leith Links Park 1744 zum ersten Mal eine Partie gespielt wurde?

begann das Geschäft mit Port und Wein lukrativ zu werden. Besonders Rotwein wurde in Fässern relativ jung aus Frankreich herangeschifft, um in den Kavernen unterhalb der Stadt weiter zu reifen und seine besonders geschätzte Note zu erhalten. Auch heute kann man hier einige Delikatessen wie Whisky und frische Meeresfrüchte genießen. Und die Dichte an Sterne-Restaurants ist in Leith so groß wie nirgendwo sonst in der schottischen Hauptstadt.
Bus: Broad Wynd

Mary King's Close ▸ S. 117, D 17

Entdecken Sie, was unter der Royal Mile liegt! In der berüchtigten Altstadtgasse starben während der großen Pest des Jahres 1645 alle Anwohner, weil die Stadtherren die Straße zumauern und versiegeln ließen. Selbst als die Pest aus Edinburghs Old Town verschwand, blieb die Gasse geschlossen. Für Jahrzehnte unbetreten, ist sie im Bewusstsein der Einwohner zu einem mythenumwobenen und gefürchteten Ort, zur »Bloody Mary's Close«, geworden.

Um die Häuser in der Gasse wieder zu bevölkern, versuchte die Stadtverwaltung später, die Wohnungen und Häuser zu vermieten oder zu verkaufen. Als sich aber selbst mit Mietfreiheit keine couragierten Personen finden wollten, wurden einfach die Gebäude der Stadtverwaltung über die Gasse gebaut, die heute noch so existiert, wie sie damals war, und seit dem Jahr 2003 auch für interessierte Besucher zugänglich ist.
Old Town • 2 Warriston's Close • Bus: Royal Mile • www.realmarykingsclose.com • März–Okt. tgl. 10–21, Nov.–März So–Do 10–17, Fr, Sa 10–21 Uhr • Eintritt 12,95 £, Kinder 7,45 £

Meadows ▸ S. 116/117, C/D 18

Lange war der beliebte Park ein flacher See, der zum allgemeinen Amüsement 1740 ausgetrocknet und in eine Parklandschaft umgestaltet wurde. Heute wird hier Fußball und Cricket gespielt, gepicknickt und gegrillt. Der Park ist Schauplatz von Kundgebungen, Demonstrationen und vielen Veranstaltungen des Edinburgh Festivals im August. Im Frühling präsentieren sich die Kirschbaumalleen als rosarotes Blütenmeer.

Die Anlage verbindet die Universität mit dem Gründerzeitviertel **Marchmont**, einer beliebten, wenn auch nicht gerade günstigen Wohngegend der wohlhabenden Mittelklasse. Die exklusiven vierstöckigen Wohnkomplexe aus dem 19. Jh. verdanken ihre Existenz Sir George Warrender of Lochend, nach dessen Familie alle Straßen des Stadtviertels benannt wurden. Warrender versammelte seinerzeit eine Reihe von Experten, die einen Bebauungsplan für das Weidegebiet entwickeln und alle Wohnungen und Häuser im flamboyanten Baronialstil errichten ließen.
Zugang über Melville Drive • Bus: Leven Street/Queens Hall

Moray Place ▸ S. 116, B 17

Die erstaunlichste Anlage der New Town dürfte bei jedem Architekturinteressierten Entzücken hervorrufen. Der Entwurf des kreisrunden Platzes von James Graham war nicht nur ein kommerzieller Erfolg, sondern vor allem auch ein Superlativ hinsichtlich seiner städtebaulichen Komposition. Hinter den feinen, klaren und weltgewandten Fassaden im georgianischen Stil wohnen und arbeiten auch heute noch einflussreiche Menschen.

Südlich der Universität erstreckt sich die Parkanlage The Meadows (▶ S. 60). Neben Studenten kommen auch Anwohner sowie Golf-, Cricket- und Rugbyspieler hierher.

Die georgianische Architektur entstand in der Regierungszeit der britischen Georg-Monarchen I bis IV (1714–1830) und legt mit ihrer deutlichen Bezugnahme auf die klassische Baukunst der Griechen und Römer einen ausgeprägten Sinn für Proportion und Balance, mathematische Berechnung und Gesetzmäßigkeit an den Tag. Leider gelangt man nur mit einem Schlüssel zum Anwohnergarten in der Mitte dieses bemerkenswerten Platzes.
New Town • Bus: Circus Place

Morningside & Bruntsfield
▶ S. 116, A–C 19/20

In den beiden vorstädtischen Villenvierteln hatte sich die edwardianische Mittelklasse pompös eingerichtet. In Bruntsfield präsentieren sich die schönen Häuserzeilen aus blondem Sandstein, mit Türmchen, Giebeln, Wetterhähnen und gepflegten Vorgärten im schottischen Baronialstil des 19. Jh. Das angrenzende Morningside war das bevorzugte Quartier des schottischen Adels. Die Villen mit ihren extravaganten Zimmern, feinen

Stuck- und Tischlerarbeiten und großen Gartenterrassen rühmten sich, das Zentrum der Noblesse zu sein. Nicht selten sah man hier exzentrische Damen ihre Katzen an der Leine ausführen. Kleine Delikatessenläden, Galerien, Boutiquen und Cafés säumen die Hauptstraßen beider Viertel.
Bus: Viewforth

Moubray House ▶ S. 117, D 17

In dem Haus von 1488, einem der ältesten der Royal Mile, kann man im zweiten Stockwerk noch den originalen Giebel sehen. Berühmtheiten wie der Maler George Jameson und der Schriftsteller Daniel Defoe haben hier gewohnt. Das Haus wurde 2007 von einer Amerikanerin gekauft, restauriert und 2012 der Stadt geschenkt. Es soll in den kommenden Jahren als Besucherzentrum eröffnet werden.
Old Town • 51 High St. • Bus: Victoria Street

National Library ▶ S. 116, C 17

14 Stockwerke führt die Nationalbibliothek hinunter. Als eine der vier britischen Copyright-Bibliotheken bewahrt sie von jedem in Großbritannien publizierten Buch ein Belegexemplar auf. So kommt es, dass jedes seit 1710 veröffentlichte Werk hier gelagert wird, insgesamt über 8 Mio. Bücher, 13 Mio. Drucke und fast 2 Mio. Karten. Auch Kopien der Gutenberg-Bibel, Originalmanuskripte von Charles Darwin oder die erste Ausgabe der Shakespeare-Stücke sind hier einsehbar.
Old Town • George IV. Bridge • Bus: Victoria Street • www.nls.uk • Mo–Fr 9.30–20.30, Sa bis 13 Uhr

Parliament House ▶ S. 117, D 17

Bis zum Unionsvertrag von 1707 tagte in dem Gebäude das schottische Parlament, danach hatte der Oberste Gerichtshof hier seinen Sitz.

Während der Festivalzeit im Sommer gleicht die High Street, der zentrale Abschnitt der Royal Mile (▶ S. 64), oftmals einem einzigen großen Jahrmarkt.

Kein Geringerer als Walter Scott war dort oberster Gerichtsbeamter. Die immense Stichbalkendecke aus dem 17. Jh. aus skandinavischer Eiche kommt gänzlich ohne Nägel aus.

Das **Reiterstandbild** von Charles II. auf dem Parliament Square wurde 1685 errichtet. Vor der Statue markiert das »Heart of Midlothian« im Pflaster jene Stelle des Gefängnistores, das von Walter Scott erst literarisch verewigt und 1817 schließlich demoliert wurde. Erhalten geblieben ist der Brauch, an der Stelle vor dem einst so verhassten Bau auszuspucken. Die Tür hat sich Walter Scott, der leidenschaftlich schottische Memorablien sammelte, in sein Haus in Abbotsford bringen lassen.
Old Town • 11 Parliament Square • Bus: Victoria Street • Mo–Fr 10–16 Uhr • Eintritt frei

Princes Street ▸ S. 116, C 17

Zumindest was das Panorama betrifft, präsentiert sich die Haupteinkaufsstraße von Edinburgh als echter Prachtboulevard. Nur auf einer Seite bebaut, gibt die Princes Street faszinierende Ausblicke auf die Altstadtsilhouette frei. Leider hat nur wenig vom ursprünglichen New-Town-Charakter überlebt, weil die meisten originalen Häuser durch Allerweltsarchitektur ersetzt wurden. Wo früher mondäne Boutiquen und noble Kaffeehäuser den Ruf eines der exquisitesten Einkaufsboulevards etablierten, reihen sich heute seelenlose Großhandelsketten aneinander. Im **Jenners Department Store**, dem ältesten Kaufhaus Großbritanniens, und im Fünf-Sterne-Balmoral-Hotel hat noch etwas vom einstigen Luxus überlebt. Die Turmuhr des früheren Bahnhofshotels geht traditionell einige Minuten vor, angeblich damit die Reisenden ihre Züge nicht verpassen. Obwohl nur Busse und Taxen die Princes Street befahren dürfen, erscheint sie immer etwas hektisch und überfüllt. Bisher ändert auch das 2009 angeschobene und skandalumwitterte neue Straßenbahnprojekt nichts am chaotischen Verkehr.
New Town • Bus: Jenners

Princes Street Garden
▸ S. 116, B–D 17

Die Anlage des farbenfroh bepflanzten Parks, der sich zwischen Altstadt und Neustadt um die Burganlage schmiegt, wurde von den Haus- und Wohnungseigentümern der Princes Street bezahlt. Diese forderten daraufhin seine exklusive Nutzung und die Anwendung eines umfangreichen Regelwerks: Lustwandeln durften die Schlüsselinhaber nur noch mit medizinischem Attest, das Schieben von Kinderwägen oder Rauchen einer Zigarette war verboten. 1876 ging der Park zur Freude der breiten Öffentlichkeit wieder in Stadtbesitz über. Heute finden hier Freilichtkonzerte, das Hogmanay-Spektakel und der alljährliche Weihnachtsmarkt statt.
New Town • Bus: Jenners

Ramsay Garden ▸ S. 116, C 17

Das rot-weiße Gebäudeensemble in prominenter Lage direkt neben der Burgesplanade wurde von Patrick Geddes, dem »Vater der Stadtpla-

> **WUSSTEN SIE, DASS …**
>
> … die originalen Pläne des Stadtviertels New Town von 1766 die Union-Jack-Flagge wiedergeben und damit das Vereinigte Königreich verherrlichen sollten?

nung«, erbaut. Die Häuser integrieren die **Turmvilla** von Alan Ramsay, eines schottischen Poeten, der die Lodge im 17. Jh. als Liebesnest für seine Frau errichten ließ. Während der Jakobitenaufstände wurde die Villa von jakobitischen Scharfschützen in Beschlag genommen, um von hier aus die Burg zu attackieren.
Old Town • Bus: Victoria Street

Royal Botanic Garden 5
▶ S. 110, B 7

Der botanische Garten ist wissenschaftliche Institution, Touristenattraktion und Erholungsraum für Familien und Anwohner zugleich. Er wurde bereits 1670 gegründet, um medizinische Pflanzen zu ziehen, und ist nach Oxford der zweitälteste botanische Garten auf der Insel. 1858 wurde das Palmenhaus gebaut, das bis heute das höchste des Landes ist. Der Garten umfasst eine Fläche von 31 ha mit Kräuter-, Gesundheits- und Waldgarten, Torfwänden, Steingarten, chinesischem Hügel, alpinen Pflanzen und Gewächshäusern. Das renommierte wissenschaftliche Zentrum für Botanik besitzt 34 000 Pflanzen mit 17 000 verschiedenen Arten aus der ganzen Welt (7 % aller bekannten Pflanzenarten). Der botanische Garten verfügt zudem über ein riesiges Herbarium, eine enorme Kollektion getrockneter Pflanzen, zurückdatierbar bis ins Jahr 1697, das mehr als 2 Mio. Exemplare enthält. Das neue Besucherzentrum hat zahlreiche Preise gewonnen. Im Restaurant kann man sich die frischen, schmackhaften Gerichte mit selbst angebautem Gemüse munden lassen.
Stockbridge • Bus: Royal Botanic Garden • www.rbge.org.uk • März–Sept. tgl. 10–18, Okt.–Feb. tgl. 10–17, Nov.–Jan. tgl. 10–16 Uhr • Eintritt frei, Gewächshäuser 4,50 £, Kinder 1 £

Royal Mile 6
▶ S. 117, D 17

Die »königliche Meile« ist das Rückgrat der Altstadt und in Lawnmarket, Castlehill, High Street, Canongate und Abbey Strand unterteilt. Links und rechts der gepflasterten Straße führen kleine Gassen, sogenannte »closes«, in pittoreske Hinterhöfe. Unter den Frontarkaden am Lawnmarket, dem Leinenmarkt, boten früher die Tuchhändler ihre Stoffe feil. Einige der Gebäude stammen noch aus dem 15. Jh. Da Platzmangel und Überbevölkerung in jenen Tagen für die Stadt zum größten Problem wurden, baute man immer mehr Stockwerke auf die Häuser. Die bis zu 15 Etagen anwachsenden »lands« gelten heute als die ersten Wolkenkratzer der Welt und quetschten bis zu 80 000 Menschen in der Altstadt zusammen. Momentan residieren ca. 20 000 Einwohner in den denkmalgeschützten Häusern.

Der **James' Court** wurde im Jahr 1727 von James Brownhill für wohlhabende Bürger konzipiert und der Garten mit schattigen Lindenbäumen bepflanzt – eine Exklusivität in der ansonsten überbevölkerten Altstadt. Hier hat David Hume ab 1762 im dritten Stock gelebt. Ebenso James Boswell, ein schottischer Schriftsteller, der mit der Biografie

---

WUSSTEN SIE, DASS …

… das Wort »Caddie« Männer bezeichnete, die Wasserkübel in die oberen Altstadtwohnungen trugen? Die höheren Etagen waren seinerzeit nur der High Society von Edinburgh vorbehalten.

Im Westhafen von Leith liegt die Royal Yacht Britannia (▶ S. 65) vor Anker. Bevor sie zum Museum umfunktioniert wurde, diente sie der Queen viele Jahre als Privatjacht.

seines Freundes Dr. Samual Johnson eines der bedeutendsten Werke der englischen Literatur geschaffen hat.
Die benachbarte Gasse der **Lady Stair's Close** war das Zuhause von Elizabeth, Countess of Stair, einer leuchtenden Erscheinung der Edinburgher High Society. Das **Writer's Museum** widmet sich den drei großen schottischen Schriftstellern Burn, Scott und Stevenson. Ein Stück weiter unten auf der High Street präsentieren sich der Gerichtshof, das Parliament House, die St. Giles Cathedral und das Rathaus als würdevolle Statthalter. Der **Parliament Square** bestand bis zum 19. Jh. noch aus einem Wirrwarr von wackeligen Hütten und Werkstätten, die sich bis an die Wände der Kathedrale lehnten. Buchverkäufer, Uhrenhersteller, Goldschmiede und der bekannte Kaffeeladen von Peter Williamson, dem »Indian Peter«, waren hier zu finden. Am **Mercat Cross**, dem für schottische Handelsstädte typischen Marktkreuz, haben sich die Händler versammelt und Stadtschreier ihre Bekanntmachungen ausgerufen. Bis heute verlesen Herolde auf der Plattform königliche Proklamationen wie Generalwahlen und die Thronnachfolge der Monarchen.
Old Town • Bus: Royal Mile

Royal Yacht Britannia 7

▶ S. 111, E 5

Die königliche Jacht Britannia, die heute eine große Touristenattraktion darstellt, ist über das Einkaufszentrum Ocean Terminal zu erreichen. Von 1953 bis 1997 wurde das Schiff für Auslandsreisen der britischen Königsfamilie genutzt und liegt seit 1997 permanent im Hafen von Leith. Seitdem hat man die Möglichkeit, an Bord zu gehen und einen Einblick in das Privatleben der königlichen

Familie zu erhaschen, die auf dem Schiff häufig ihre Ferien verbracht hat. Die Inneneinrichtung und Technologie stammen aus den Fünfzigern, das Design ist erstaunlich schlicht und sachlich, ganz so, wie es die Queen angeblich bevorzugt.
Leith • Ocean Terminal • Bus: Ocean Terminal • www.royalyachtbritannia.co.uk • April–Juni tgl. 9.30–16, Juli–Sept. tgl. 9.30–16.30, Nov.–März tgl. 10–15.30 Uhr • Eintritt 11,75 £, Kinder 7,50 £

Scottish Parliament 8
▶ S. 117, E 17

Das schottische Parlament entspringt dem weit verbreiteten und tief verwurzelten Wunsch nach schottischer Eigenständigkeit. 1997 votierten in einer Volksabstimmung ca. 80 % der Wahlberechtigten für eine Teilunabhängigkeit Schottlands, in deren Folge am 6. Mai 1999 nach 300 Jahren wieder ein Parlament für Schottland gewählt werden konnte.
Das neue Parlamentsgebäude war lange Zeit ein politischer Zankapfel aufgrund der immensen Kosten, die sich mit 414 Mio. £ letztlich zehnmal so hoch beliefen als ursprünglich kalkuliert. Das Gebäude wurde von dem katalanischen Architekten Enric Miralles entworfen, dessen Design auf kenternde Boote Bezug nimmt. Es wurde im Oktober 2004 mit einer imposanten Zeremonie durch die Queen eingeweiht. Das Parlament samt Plenarsaal kann in den tagungsfreien Zeiten besucht werden. Kostenlose Führungen finden täglich zu unterschiedlichen Zeiten statt.
Holyrood • Bus: Scottish Parliament • www.scottish.parliament.uk • Mo, Fr, Sa 10–17, Di–Do 9–18.30 Uhr • Eintritt frei

Scott's Monument ▶ S. 116, C 17

Das größte Schriftsteller-Monument der Welt wurde für Sir Walter Scott errichtet. Vielleicht weil der Hobbyarchitekt George Kemp sich vorher vergeblich für den Entwurf der Glasgow Cathedral beworben hatte, vermittelt das Denkmal den Anschein einer abgesägten Kirchturmspitze. Der 61 m hohe Bau wurde 1844 aus lokalem Schiefer gefertigt und ist über fast 300 Stufen zu einer kleinen Aussichtsplattform besteigbar. Die schwarze Farbe kommt vom Ruß, der in Edinburgh zu viktorianischer Zeit vorherrschte und dem die Stadt auch ihren Spitznamen »Auld Reekie« – die Alte Räuchernde – verdankt.
New Town • Bus: Jenners • East Princes Street Gardens • April–Sept. tgl. 10–19, Okt.–März tgl. 10–16 Uhr • Eintritt 3 £

St. Andrews Square ▶ S. 116, C 17

Rund um den Platz erheben sich einige der prächtigsten Bankgebäude des Landes. Nicht umsonst gilt die schottische Hauptstadt als eine der Finanzhochburgen Europas. Die prestigeträchtige Adresse bildet zusammen mit der George Street das schottische Äquivalent zur Wall Street. In seiner Mitte thront das **Melville Monument** in Erinnerung an Henry Dundas (1742–1811), einem der mächtigsten schottischen Politiker. Kaufhäuser wie Jenners und Harvey Nichols sowie die Designerstraße Multrees Walk laden zu Luxusshopping ein.
New Town • Bus: Jenners

St. Giles' Cathedral ▶ S. 115, D 13

Ihren Namenspatron hat die prominent auf der Royal Mile residierende Kirche in St. Giles, einem französischen Eremiten, der zugleich Schutz-

heiliger der Stadt Edinburgh ist. In den 20er-Jahren des 11. Jh. errichtet, war sie eine von vielen Kirchen, die die königliche Familie unter Malcolm Canmore und Queen Margaret bauen ließ, um den Katholizismus in den schottischen Lowlands zu verbreiten. Die Kirche brannte im 14. Jh. ab, wurde neu hochgezogen und im 16. Jh. schließlich zum Zentrum der Reformation unter John Knox. Aus dieser Zeit stammt auch die für die Stadtsilhouette charakteristische Turmkrone. Nach der Reformation diente die Kirche für Parlamentssitzungen, Schulunterricht, als Gerichtshof und Gefängnis.
Old Town • High Street • Bus: Victoria Street • www.stgilescathedral.org.uk • Mai–Sept. Mo–Fr 9–19, Sa 9–17, So 13–17, Okt.–April Mo–Sa 9–17, So 13–17 Uhr • Eintritt frei

Stockbridge ▶ S. 110, B 8

Der charmante Stadtteil unterhielt bis 1906 einen eigenen Markt. Im Tal des Water of Leith gelegen, war Stockbridge früher eine Mühlensiedlung am Fuße der New Town, später dann ein bekanntes Arbeiterviertel. Viele Anwohner waren allerdings in den Sechziger- und Siebzigerjahren zum Auszug gezwungen, weil man einige Straßenzeilen im Rahmen der Slumbeseitigungsmaßnahmen komplett abreißen ließ.

Heute ist Stockbridge ein modischer, trendiger – und einige spitze schottische Zungen mögen behaupten englischer – Stadtteil mit einer ganz eigenen ausgeprägten Identität und vielen interessanten, alternativen Läden, Pubs und Restaurants.

Am Flussufer findet man im östlichen Teil das Quartier **The Colonies**. Das frühere Arbeiterviertel ist in seiner Anlage einzigartig in Europa und wurde von einer Arbeitergenossenschaft in der Mitte des 19. Jh. gebaut. Der Cottage-Stil war ungewöhnlich für Stadtwohnungen und ist in dieser Art nur in Edinburgh zu finden, wo es mehrere dieser Viertel gibt.

Scott's Monument (▶ S. 66) verewigte den Autor mit seinem Hund Maida.

Dank eines bemerkenswerten Entwurfs verfügt jede Wohneinheit in dieser Siedlung über einen eigenen Garten. Die obere Wohnung jedes Hauses erreicht man über eine Treppenflucht, die auf eine Straße führt. In die Parterrewohnungen dagegen gelangt man über die nächste Straße. Während früher die Unterkünfte meist von Großfamilien bewohnt wurden, dominieren heute Single- oder Zwei-Personen-Haushalte ganz unterschiedlichen Alters, Einkommensniveaus und Lebensstils.
Stockbridge • Bus: Raeburn Place

Museen und Galerien
Heute eine Seltenheit: Edinburghs Sammlungen locken mit freiem Eintritt. Und das Museum of Scotland sowie die Portrait Gallery wurden in den letzten Jahren aufwendig renoviert.

◀ Die Eingangshalle zum ehemaligen Royal Scottish Museum ist nun Teil des National Museum of Scotland (▶ S. 71).

Wie jede andere europäische Hauptstadt verfügt auch Edinburgh über eine stattliche Anzahl von Museen und Galerien. Eine lokale Besonderheit ist allerdings, dass der Eintritt in die städtischen Einrichtungen seit 2001 frei ist. Damit ist Schottland zusammen mit dem übrigen Großbritannien eines der letzten Länder in Europa, die freien Eintritt in die öffentlichen Sammlungen gewähren. So kann jeder den Reichtum des kulturellen Erbes entdecken. Spenden sind jedoch willkommen und unterstützen die Arbeit der Kuratoren.

Seit 2001 hat sich vor allem bei den Einheimischen die Zahl der Besucher vervielfacht. Freunde, Bekannte und ganze Familien treffen sich in den geschmackvollen Cafés, die für ihre selbst gebackenen Köstlichkeiten und die liebevoll zubereiteten Mittagsgerichte bekannt sind. Dann dreht man eine Runde durch die Ausstellung.

Wer denkt, dass durch den freien Eintritt die Qualität der Sammlungen leidet, der täuscht sich. Gleich zwei große Museen sind in den letzten Jahren für stattliche Summen Geld renoviert und neu gestaltet worden. Das **Museum of Scotland**, die Grand Dame der musealen Landschaft von Edinburgh, wurde erst kürzlich nach dreijähriger Pause und Kosten von 47 Mio. £ wiedereröffnet. Die **Portrait Gallery** hat eine 18 Mio. £ teure Generalüberholung hinter sich.

MUSEEN

City Art Centre ▶ S. 117, D 17

Von ägyptischen Antiquitäten bis zu innovativer Gegenwartskunst, von den Gemälden Michelangelos bis zu Star Trek reichen die Wechselausstellungen dieses Zentrums für die bildende Kunst in Edinburgh. Dazu wurde hinter dem Hauptbahnhof ein altes Lagerhaus aus dem Ende des 19. Jh. umgestaltet. Die imposante hauseigene Sammlung enthält über 4500 Werke führender schottischer Künstler seit dem 17. Jh. wie McTaggart, Paolozzi, Fergusson und Bellany.
Old Town • 2 Market St. • Bus: City Art Centre • Mo–Sa 10–17, Aug. Mo–So 12–17 Uhr • Eintritt frei

Georgian House ▶ S. 116, B 17

Das stattliche georgianische Haus am Charlotte Square untersteht dem National Trust for Scotland, einer Stiftung zur Bewahrung und Unterstützung von Schottlands kulturellem Erbe. In den eleganten, weitläufigen Räumlichkeiten wird das Leben der damaligen Oberschicht im 18. Jh. wieder lebendig. Das 1791 von Robert Adam entworfene Stadthaus zählte zum Inbegriff von Luxus und Komfort und war ein mondänes Beispiel des neuen Wohnens in der New Town. Das Haus wurde originalgetreu vom Porzellan über die Möbel bis zum Weinkeller und der Küche nachgebildet, wie es zu Zeiten des ersten Eigentümers John Lamont, 18th Chief of the Clan Lamont, gewesen sein muss. Mit Kaminschirmen und zinnernen Urinierbecken, den weiten Fenstern, Ornament- und Stuckdecken könnte der Kontrast zur Düsterkeit und Enge der Altstadt nicht größer sein.
New Town • 7 Charlotte Square • Bus: Queensferry Street • www.nts.org.uk/property/georgian-house • April–Okt. tgl. 10–17, Juli, Aug. 10–18, Nov. 11–15, März 11–16 Uhr • Eintritt 6 £, Kinder 5 £

MUSEEN UND GALERIEN

Museum of Childhood
▶ Familientipps, S. 49

Museum of Edinburgh
▶ S. 117, E 17

Das Stadtmuseum in einem Fachwerkbau aus dem Jahr 1570 ist Edinburghs Schatzkammer. In den historischen Räumlichkeiten wurde die Stadtgeschichte mit interessanten Ausstellungsstücken von der prähistorischen Zeit bis heute aufgearbeitet. Die Story von Greyfriars Bobby hat darin ebenso ihren Platz wie Silber, Glas und schottisches Porzellan. Auch James Craigs Entwürfe der New Town und das Original des National Covenant, unterzeichnet 1638 von Schottlands presbyterianischer Führerschaft, befinden sich darunter.
Old Town • 142 Canongate • Bus: Holyrood • Mo–Sa 10–17, Aug. Mo–So 12–17 Uhr • Eintritt frei

Museum on the Mound
▶ S. 116, C 17

In den Eingeweiden des die Stadtsilhoutte dominierenden Bankgebäudes hatte es schon lange eine Art Museum gegeben. Bis 2006 durfte man aber die Ausstellung nur mit Anmeldung besuchen. In sieben Räumen wird nun für jeden zugänglich mit nüchternem Humor illustriert, wie sich die Geschichte des Geldes seit den letzten 4000 Jahren entwickelte. Technologien, Gewalt, Handel und Sicherheit – auch diese Themenkreise wirken an der Geld-Story mit.
Old Town • The Mound • Bus: Mound Place • www.museumonthemound.com • Di–Fr 10–17, Sa, So 13–17 Uhr • Eintritt frei

National Galleries of Scotland
Die schottische Nationalgalerie beherbergt die größte Sammlung

Ein ungewöhnliches Museumskonzept: Die Portrait Gallery (▶ S. 71) nähert sich der Geschichte des Landes ausschließlich über seine berühmten »Köpfe« an.

europäischer Kunst des Landes – von der Renaissance bis zum Post-Impressionismus – auf einer gewaltigen Ausstellungsfläche, die sich auf drei Häuser in verschiedenen Stadtvierteln verteilt. Zwischen den einzelnen Gebäuden der Galerien verkehrt ein kostenloser Shuttlebus. Dieser fährt vor dem National Gallery Complex zwischen 11 bis 16 Uhr zu jeder vollen Stunde und vor der National Gallery of Modern Art zwischen 11.30 und 17 Uhr zu jeder halben Stunde ab.
www.nationalgalleries.org • tgl. 10–17, Do 10–19, Aug. 10–18 Uhr • Eintritt frei

Modern Art Galleries ▶ S. 115, F 13

Wunderbar oberhalb von Dean Village gelegen stehen die beiden Prachtbauten der National Gallery of Modern Art dicht beieinander. Im Bau 1 gilt das Interesse den Skulpturen des schottischen Bildhauers Sir Eduardo Paolozzi und Surrealisten von Magritte, Miro, Picasso bis Dali. Im Bau 2 werden Sonderausstellungen mit Werken von 1900 bis zur Gegenwart gezeigt. Höhepunkte der permanenten Ausstellung im zweiten Stock sind Gemälde von Matisse und Picasso, ebenso wie die Kollektion internationaler Nachkriegswerke von Bacon, Hockney, Warhol und Freud.
Sunbury • Belford Road • Bus: Gallery of Modern Art

National Gallery Complex
▶ S. 116, C 17

Der Komplex der Nationalgalerie am Fuße des aufgeschütteten Mound besteht aus drei miteinander verbundenen Gebäuden, die von William Henry Playfair entworfen und 1859 eingeweiht wurden. Im Erdgeschoss findet man europäische Kunst vom 16. bis zum 19. Jh. und Meisterwerke von Raffael, Tizian, El Greco, Velázquez, Rembrandt and Rubens bis hin zu Van Gogh, Monet, Degas, Cézanne und Gauguin. Eines der ersten Werke, das ins Auge fällt, ist Tizians »Venus Anadyomene«, das 2003 für 11 Mio. £ erworben wurde. Im Untergeschoss konzentriert sich die Galerie seit der Wiedereröffnung auf die permanente Sammlung schottischer Kunst mit Werken von Ramsay, Raeburn, Wilkie and McTaggart. Das bekannteste Bild aus dieser Sammlung stellt wohl Sir Henry Raeburns »Reverend Robert Walker Skating on Duddingston Loch« dar.
New Town • The Mound/Princes Street • Bus: Mount Place

Portrait Gallery ▶ S. 110, C 8

In dem neugotischen Palast aus rotem Sandstein wurde im Jahr 2011 die beliebte Portrait Gallery wiedereröffnet. Hier wird die Geschichte Schottlands mithilfe der Porträts derer, die sie beeinflusst haben, dokumentiert. Die Ausstellung erkundet die Biografie großer Schotten, die die Welt inspiriert und verändert haben: Könige und Rebellen, Poeten und Philosophen, Helden und Schurken. Die Galerie war die erste ihrer Art auf der Welt – ausschließlich dazu konzipiert Porträts auszustellen.
New Town • Queen's Street • Bus: The Dome

National Museum of Scotland
▶ S. 117, D 17

Das postmoderne Museum of Scotland und das frühere Royal Museum bilden eine Einheit und Schottlands wohl wichtigsten Museumskomplex. Das von den Architekten Benson und Forsyth als moderne Burg entworfene Museum of Scotland wurde

1998 eingeweiht und erzählt die Geschichte des Landes von der Vorzeit bis ins zweite Jahrtausend mit mehr als 10 000 Schätzen der schottischen Kultur und unzähligen Alltagsobjekten. So kann man etwa einen Blick auf die Maiden werfen, eine schottische Vorvariante der Guillotine, oder elf der Lewis Chessmen bewundern. Die Schachfiguren aus Walrosselfenbein stammen aus dem 12. Jh. und wurden 1831 während eines Sturms auf der Hebrideninsel Lewis freigelegt. Den honigfarbenen Sandsteinturm des Museums halten viele für den schönsten schottischen Bau des 20. Jh. Allein schon der Architektur wegen lohnt sich ein Besuch und ein abschließender Blick von der Dachterrasse des Museumscafés.

Das frühere **Royal Museum** nebenan wurde mit seiner viktorianischen Fassade 1861 gebaut und 2011 für 47 Mio. £ restauriert. Über eine lichtdurchflutete Eingangshalle gelangt man in eine Vielzahl unterschiedlicher Galerien, die über 8000 Objekte – Funde aus dem alten Ägypten, islamische Kunst, Exponate zur Evolution, Fossilien, Waffen, Münzen und Errungenschaften der industriellen Revolution – ausstellen. Hier findet man unter anderem das Schaf Dolly, den ersten erfolgreichen Klon eines Säugetiers, oder auch extravagante Anzüge des Musikers Elton John.
Old Town • Chambers Street • Bus: National Museum • www.nms.ac.uk • tgl. 10–17 Uhr • Eintritt frei

The People's Story ▸ S. 117, E 17

Das Museum ist im alten Gefängnis der Stadt, dem **Canongate Toolboth**, untergebracht. Das Gebäude wurde 1591 errichtet und zählt zu den ältesten der Royal Mile. Wie der Name vermuten lässt, nutzt es mündliche Geschichten ebenso wie schriftliche Quellen, um über das Leben, die Arbeit und den Alltag der einfachen Menschen zu erzählen. Es ist gefüllt mit Geräuschen, Ansichten und Gerüchen vom späten 18. Jh. bis zum heutigen Tag. Vor allem Objekte aus dem städtischen Wirtschaftsleben wie das Brauen, Drucken, Fischen und die Keksherstellung sind darunter. Ebenso kann man hautnah eine Gefängniszelle, eine Böttcherei, eine Küche aus den Vierzigerjahren, ein Pub und einen Tea Room begutachten.
Old Town • 163 Canongate • Bus: Holyrood • Mo–Sa 10–17, Aug. Mo–So 12–17 Uhr • Eintritt frei

Queen's Gallery ▸ S. 117, E 17

Die Galerie vor dem Palace of Holyrood wurde in die Hülle der früheren Holyrood Free Church hineingebaut und 2002 durch Queen Elizabeth II. im Zuge der Goldenen Jubiläumsfeiern eröffnet. Hier werden Wechselausstellungen der **Royal Collection**, der Kunstsammlung der britischen Königsfamilie, der Öffentlichkeit präsentiert. Die königliche Sammlung umfasst mehr als 7000 Gemälde, 190 000 Aquarelle, Zeichnungen und Drucke. Auch Möbel, Keramik, Schmuck, Bücher und Textilien enthält das über 500-jährige Sammelsurium der britischen Monarchie.
Canongate • Palace of Holyrood House • Bus: Holyrood • April–Okt. tgl. 9.30–18, Nov.–März 9.30–16.30 Uhr • Eintritt 6 £, Kinder 3 £

Royal Scottish Academy
▸ S. 116, C 17

Das dritte von William Henry Playfair am Mound gebaute Gebäude hat den Ruf, einige der besten Kunstaus-

Nicht die großen historischen Ereignisse, sondern das tägliche Leben und Schaffen der Menschen stehen in der Ausstellung The People's Story (▶ S. 72) im Mittelpunkt.

stellungen des Landes zu initiieren. Die Wechselausstellungen umfassen schottische Kunst ebenso wie internationale Gemeinschaftsausstellungen und Retrospektiven von Turner über Gerhard Richter bis Ron Mueck.
New Town • The Mound • Bus: Mount Place • www.royalscottishacademy.org • Mo–Sa 10–17, So 12–17 Uhr • Eintritt ab 8 £

Surgeon's Hall ▶ S. 117, D 18

Gläser gefüllt mit brandigen Fingern und krebszerfressenen Lungen, getrocknete und lackierte Herzen und andere Kuriositäten machen dieses Museum aus, das versteckt hinter dem Royal College of Surgeons, einem Lieblingsort für Kriminalgeschichten, liegt. Die Silbermaske mit falschem Schnurrbart wurde von einem Doktor entwickelt, um die furchtbaren Verletzungen der Soldaten in der Schlacht von Antwerpen 1832 zu überdecken. Im Glaskabinett sticht ein kleines braunes Taschenbuch heraus, das aus der Haut von William Burke gefertigt wurde, dem stadtberüchtigten Verbrecher, der seine Opfer an das Anatomische Institut der Universität verkaufte.
Newington • Royal College of Surgeons, Nicolson Street • Bus: Surgeons Hall • www.museum.rcsed.ac.uk • Mo–Fr 12–16, April–Okt. Mo–So 12–16 Uhr • Eintritt 5 £, Kinder 3 £

The Writer's Museum
▶ S. 116, C 17

Untergebracht im 1622 errichteten **Lady Stair's House** widmet sich das Writer's Museum dem Leben und Schaffen von Schottlands größten literarischen Figuren. Zu sehen sind dabei Porträts, Manuskripte und persönliche Gegenstände wie der Schreibtisch von Robert Burns oder das Schachbrett von Walter Scott, sein Esstisch und die Druckpresse, mit der seine berühmten Waverly-

Romane produziert wurden. Die Stevenson-Sammlung ist die bedeutendste in Großbritannien. Der Friedhof davor ist als Maker's Court den Schöpfenden gewidmet.
Old Town • Lady Stair's Close • Bus: Victoria Street • www.edinburgh museums.org.uk • Mo-Sa 10–17, Aug. Mo-So 12–17 Uhr • Eintritt frei

GALERIEN

Bourne Arts ▶ S. 110, C 8

Patrick Bourne hat seit der Eröffnung im Jahr 1978 seinen Fokus auf Malereien und Skulpturen aus dem 17. Jh. bis in die Gegenwart gelegt. In prominenter Nachbarschaft zu einer ganzen Reihe hochkarätiger Galerien werden hier frühe schottische Porträtbilder von Ramsay und Raeburn bis zu Wilkie und McTaggart und den Scottish Colourists ausgestellt. Auch Gegenwartskünstler wie John McLean, Haidee Becker, Paul Martin und John Byrne befinden sich darunter. Außerdem werden hier Bilderrahmen restauriert und Künstlermonografien über die Verlagsmarke Atelier Books gedruckt.
New Town • 6 Dundas St. • Bus: Abercromby Place • www.bournefineart.com

Fruitmarket Gallery ▶ S. 117, D 17

Ursprünglich als Obst- und Gemüsemarkt 1938 eröffnet, präsentiert sich die Galerie als Raum für visuelle Kunst seit den Siebzigerjahren. Direkt am Waverly Bahnhof gelegen ist sie eine gemeinnützige Organisation, die Gegenwartskunst, Retrospektiven und Installationen zeigt und aufkommende Talente fördert. Fünf Ausstellungen im Jahr stellen neue und ältere Arbeiten schottischer und internationaler Künstler in Einzel- und Gruppenausstellungen vor. Mit exzellentem Buchladen und sehr gutem Café, um die Kunstwelt zu treffen und zu beobachten.
Old Town • 45 Market St. • Bus: Fruitmarket Gallery • www.fruitmarket.co.uk • Mo-Sa 11–18, So 12–17 Uhr • Eintritt frei, Sonderausstellungen mit wechselnden Preisen

Open Eye Gallery ▶ S. 110, C 8

Mehr als 32 Ausstellungen im Jahr fokussieren auf Gegenwartsarbeiten der bildenden und angewandten Kunst, darunter Skulpturen, Keramik und Schmuck. Ausstellungen von Elizabeth Blackadder und Alberto Morocco, Kaori Tatebayashi und Rebecca Halstead waren sehr erfolgreich. Die Schwestergalerie **Eye Two** hat sich auf europäische und amerikanische Drucktechniken spezialisiert und sich mit Ausstellungen von Klassikern wie Albers, Matisse und Picasso sowie Gegenwartskünstlern wie Hockney, Blake und Rauschenberg einen Namen in der Kunstszene gemacht.
New Town • 34 Abercromby Pl. • Bus: Abercromby Place • www.openeye gallery.co.uk

Scottish Gallery ▶ S. 110, C 8

Auf der eleganten Dundas Street hat sich die Galerie seit 1993 auf schottische Malerei des 20. Jh. und Gegenwartskunst spezialisiert. Werke von Penelope Beaton, Earl Haig, William Baillie und Philip Braham werden ebenso ausgestellt wie Arbeiten aus Keramik, Glas, Silber, Metall und Textilien von Peter Chang, Dorothy Hogg und Hideo Furuta. Auch Radierungen, Lithografien und Siebdrucke befinden sich darunter.
New Town • 16 Dundas St. • Bus: Abercromby Place • www.scottish-gallery.co.uk

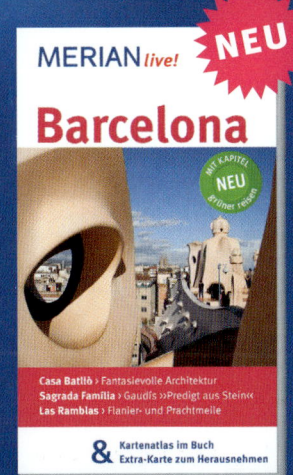

Wendet man der Stadt den Rücken zu, dann schweift der Blick von Arthur's Seat (▶ S. 78), dem 251 m hohen Hausberg von Edinburgh, über den Firth of Forth.

Spaziergänge
und Ausflüge

Vulkane, Berge, die Nordsee und einige der historisch wichtigsten Stätten des Landes laden zu kurzweiligen Trips in die nähere Umgebung Edinburghs ein.

Aufstieg auf den Arthur's Seat – Herrliche Aussicht von Edinburghs Hausvulkan

CHARAKTERISTIK: Auf einem Bummel von der Altstadt zum Holyrood Palace und weiter durch die Parkanlagen hinauf auf den Aussichtsberg Arthur's Seat liegt Ihnen die Stadt zu Füßen DAUER: ca. 2,5 Std. LÄNGE: 5,5 km EINKEHRTIPP: The  Sheep Heid Inn, 43–45 The Causeway, Duddingston, Tel. 6 61 79 74, www.sheepheid.co.uk, Essen So–Do 12–20, Fr, Sa bis 21 Uhr €€
KARTE ▶ S. 117, D 17

Beginnen Sie Ihre Tour zum Hausvulkan von Edinburgh im mittleren Teil der Royal Mile, an der **Tron Kirk**. Kleinkriminelle Verbrecher wurden früher mit dem Ohr an die im 17. Jh. gebaute Kirche genagelt, wovon die Löcher im Gemäuer Zeugen sind. Von hier hat man einen schönen Blick auf die abfallende Royal Mile, an deren Ende das Meer mit dem Himmel zu verschmelzen scheint.

Tron Kirk ▶ Canongate Kirk
Laufen Sie über die Kreuzung und spazieren Sie die **Royal Mile** 6 hinunter Richtung Holyrood Palace. Sie passieren die schier endlose Reihe an Souvenirläden, Kiltmachern, Fudge-Herstellern, das Spielzeugmuseum und das John Knox House, in dem der Reformator seine letzten Jahre verbrachte. An der Kreuzung St. Mary's Street, wo bis 1764 das Eingangstor Netherbow Port stand, können Sie einen Abstecher rechter Hand zu den Resten der 1513 errichteten Stadtmauer **Flodden Wall** unternehmen. Zurück auf der Royal Mile, die im unteren Abschnitt Canongate heißt, gehen Sie weiter Richtung Holyrood Palace. Sie passieren den Whiskyladen **Cadenhead's**, den ältesten unabhängigen Whiskyabfüller Schottlands, das alte Gefängnis Toolbooth und die **Canongate Kirk**, in der auch die Queen zum Gottesdienst erscheint, wenn sie in Edinburgh weilt. Auf dem hübschen Friedhof liegen der Ökonom Adam Smith, der Poet Robert Fergusson und David Rizzio, der Privatsekretär und vermeintliche Liebhaber von Maria Stuart.

Parlament ▶ Arthur's Seat
Wenige Minuten später haben Sie das **Parlament** 8 und den **Holyrood Palace** 4 erreicht. An sonnigen Tagen kann man im Selbstbedienungscafé des Palasts draußen sitzen und unter Schatten spendenden Blättern den Ausblick auf Holyrood Garden und **Arthur's Seat** genießen. Der erloschene Vulkan entstand vor 350 Mio. Jahren im Karbon und ist die höchste Erhebung der Stadt.
Es führen mehrere Wege hinauf zum Gipfel: Die wohl beliebteste, aber etwas anstrengende Variante beginnt am Holyrood Palace. Nicht zu übersehen ist der Felsabbruch der **Salisbury Crags**, unterhalb des spröden Gesteins führt der Weg entlang. Die Klippe wurde durch gewaltige Gletscher geformt, die sich vor ca. 2 Mio. Jahren von West nach Ost bewegten. Hinter den Crags hält man sich links. Von hier leiten mehrere Pfade hinauf auf den Gipfel, keiner von ihnen ist ausgeschildert. Für den sichersten Aufstieg folgen Sie einem breiten Fußweg nach rechts, der im Zickzack auf ein kleines, grasiges Plateau

führt, um dann zum Gipfel auszuschwenken. Auf der Spitze angekommen, haben Sie nicht nur eine kleine Bergwanderung gemeistert, sondern die besten Ausblicke auf die Stadt und das Umland. Trotz seiner lediglich 251 Höhenmeter ist die Sicht überwältigend. Im Norden liegt Ihnen der Hafen Leith, die Meeresförde Firth of Forth und die Halbinsel Fife zu Füßen. Richtung Osten können Sie die Küstenstadt North Berwick und den Vogelfelsen Bass Rock ausmachen, im Süden das Hausgebirge Pentland Hills und im Westen die Innenstadt von Edinburgh.

Arthur's Seat ▶ Sheep Heid Inn

Beim Abstieg haben Sie wieder mehrere Möglichkeiten. Auf der anderen Seite geht es auf einem gut ersichtlichen Weg zunächst steil hinab, dann nach links, wo man die Ruine der wohl ins 14. Jh. zurückdatierbaren **St. Anthony's Chapel** passiert. Hält man sich weiterhin links, findet man zum Holyrood Palace zurück. Ein anderer Weg führt nach Osten zum **Dunsapie Loch** hinunter. Von hier spazieren Sie auf einem Pfad weiter bergab in den charmanten Ortsteil Duddingston. Alte denkmalgeschützte Sandstein-Cottages und gepflegte Vorstadtvillen schmiegen sich an das **Duddingston Loch**, das für Henry Raeburns berühmtes Gemälde »The Reverend Robert Walker Skating on Duddingston Loch« Modell stand. Im **Bonnie Prince Charlie** hat der romantisierte Thronanwärter kurz vor der Schlacht von Prestonpans 1745 Kriegsrat gehalten.

Lassen Sie Ihren Spaziergang im **Sheep Heid Inn** ausklingen, dem 1360 gegründeten und angeblich ältesten Gasthof Schottlands. Zwischen Hirschgeweihen und vergilbten Fotografien kann man nicht nur deftige Pub Meals verköstigen, sondern mit Vorbestellung auch Skittles spielen, ein bowling-ähnliches Spiel.

Viele Wege führen auf den Arthur's Seat im Holyrood Park. Kommt man von Nordosten, passiert man die mittelalterlichen Ruinen von St. Anthony's Chapel (▶ S. 79).

Von der New Town zum Water of Leith – Elegante Fassaden und lauschige Parks

CHARAKTERISTIK: Genießen Sie die vornehme Stille der New Town, den bunten Stadtteil Stockbridge und einen abwechslungsreichen Spazierweg am Water of Leith entlang **DAUER:** 2–3 Std. **LÄNGE:** 6 km **EINKEHRTIPPS:** Café Florentine, 5 North West Circus Pl., Tel. 2 20 02 25 € (▶ S. 22) • L'Alba D'Oro, 5–7 Henderson Row, Tel. 5 57 25 80, www.lalbadoro.com € (▶ S. 17) • Café Fish, 15 North West Circus Pl., Tel. 2 25 44 31, www.cafefish.net €€

KARTE ▶ S. 116, B 17

Direkt am Ufer des Water of Leith, der in den Pentland Hills entspringt und im Hafen von Leith in die Nordsee mündet, führt ein wunderbarer Wanderweg entlang. Der Bummel kann in beide Richtungen verlängert werden. Das schönste Stück mäandert zwischen den Galleries of Modern Art und dem Botanischen Garten.

Charlotte Square ▶ Gloucester Lane
Beginnen Sie Ihren Spaziergang in der New Town, am **Charlotte Square**. Der weltgewandte, elegante Platz ist eine der ersten Adressen Edinburghs und Sitz des schottischen Ministerpräsidenten. Laufen Sie von hier die North Charlotte Street hinunter, überqueren Sie die Queens Street und gehen Sie in die Forres Street. Schnell lassen Sie die Geschäftigkeit des Finanzviertels hinter sich und tauchen in die vornehme Stille eines der exklusivsten Wohnviertel des Landes ein. Sie gelangen zum **Moray Place**, der durch seine erstaunlich symmetrische Anlage unter Archi-

Das Flüsschen Water of Leith trieb im Dean Village (▶ S. 54) jahrhundertelang Getreidemühlen an. Heute schätzen viele die dörfliche Idylle inmitten der Großstadt.

tekten großes Entzücken hervorruft. Biegen Sie nach rechts in den Moray Place und gleich wieder nach rechts in die Darnaway Street. Diese geht in die Heriot Row über, in der Robert Louis Stevenson auf Nr. 17 aufwuchs. An der nächsten Kreuzung biegen Sie in die Gloucester Lane ein. In den niedrigen Steinhäusern wurden früher die Bediensteten und in den Garagen die Kutschen untergebracht.

Kerr Street ▶ Water of Leith Walkway

Schlendern Sie zwischen den gepflegten Cottages entlang bis zum Ende der Straße, wo Sie linker Hand in die Kerr Street einbiegen. Der bunte, lebendige Stadtteil Stockbridge ist der ideale Platz für eine Pause. Im **Café Florentine** kann man mit Blick in einen kleinen überwachsenen Garten zu französischen Chansons Croissants und Ziegenkäse genießen. Im **L'Alba D'Oro** frittiert Filippo Crolla seit über 40 Jahren die besten Fish & Chips. Die ganze Palette an Meeresfrüchten von der Westküste wird im **Café Fish** serviert. Über die offene Küche können Sie den Köchen bei der Zubereitung zuschauen.

Bis vor 200 Jahren gab es hier nur die **Stockbridge**, die 1785 errichtete und 1830 verbreiterte Sandsteinbrücke. Der Bau stellte die Weichen für eine neue Siedlung und die Erweiterung der New Town, 1826 bis 1906 betrieb Stockbridge sogar seinen eigenen Markt. Das Eingangstor zum Markt ist noch in der St. Stephen Street zu sehen. Vor der Brücke über das Water of Leith biegen Sie nach links und laufen am Ufer stromaufwärts. Der kleine Fluss spielte im 18. Jh. eine bedeutende ökonomische Rolle. Ein Großteil des Wassers und der hier produzierten Energie wurde für Färbereien und Gerbereien genutzt. 71 Mehl- und Papiermühlen arbeiteten seinerzeit entlang des Ufers.

Dean Village ▶ Gallery of Modern Art

Von nun an ist der **Water of Leith Walkway** ausgewiesen. Der Weg führt an der Mineralwasserquelle des St. Bernard's Well vorbei in das verträumte **Dean Village**. Der Rundtempel mit den hohen dorischen Säulen wurde auf Geheiß eines wohlhabenden Zivilrichters 1789 gebaut und diente dem Adel in den Sommermonaten zur Gesundung. Auf der anderen Flussseite führte die berüchtigtste Anwohnerin der New Town, Dora Noyce, bis in die Achtzigerjahre ein vornehmes Edelbordell. Miss Joyce selbst soll ihren Lieblingsfreiern Tee in Silbertassen eingeschenkt haben, um ihnen die Zeit des Wartens zu verkürzen. Die Ländereien gehörten Sir Henry Raeburn, dem bekannten schottischen Porträtmaler, der unter anderem Gemälde von Walter Scott, Robert Fergusson, Henry Mackenzie und Hugh Blair anfertigte.

Wenig später erreichen Sie die von Thomas Telford entworfene und 1832 fertiggestellte, 27 m hohe **Dean Bridge**. Die Mühlensiedlung Dean Village, heute ein charmantes Wohnviertel, wurde von den Stiftsherren des Holyrood-Klosters im 12. Jh. gegründet. Folgen Sie dem ausgewiesenen Weg an einem Wehr entlang durch ein Wäldchen, bis vor der nächsten Brücke Holzstufen zur Belford Road führen. Dann die Stufen hinauf und rechter Hand in den Park, der Sie zu den beiden Gebäuden der **Modern Art Galleries** leitet. Die beiden hochkarätigen Museen stellen Kunst der Moderne und Gegenwart aus. Von hier können Sie den Bus Nr. 13 oder den freien Gallery Bus zurück ins Zentrum nehmen.

Cramond und River of Almond – Wattlandschaft am Firth of Forth

CHARAKTERISTIK: Vom Wattenmeer an der Firth of Forth führt dieser Spaziergang in den historischen Kern des Vorortes Cramond und weiter am River Almond entlang durch eine abwechslungsreiche Umgebung DAUER: ca. 2,5 Std. LÄNGE: 7 km EINKEHRTIPP: Cramond Inn, 30 Cramond Glebe Road, Tel. 3 36 20 35 €
KARTE ▶ S. 108, B 2

An sonnigen Tagen toben im pittoresken Vorort Cramond an der Promenade Kinder, Hunde und Möwen, laufen Jogger und Skater, Pärchen nehmen sich an der Hand, und Segelboote schaukeln im Hafenbecken. Bei niedrigem Gezeitenstand kann man durch das Watt oder zur Gezeiteninsel Cramond Island spazieren.

Silverknowes ▶ Cramond Inn
Nach Cramond, einer der teuersten Gegenden von Edinburgh, gelangen Sie mit den Lothian Buslinien Nr. 16, 27 und 37. Fahren Sie bis zur Endstation **Silverknowes** und laufen Sie rechter Hand am Golfplatz entlang die Silverknowes Road hinunter. Die Straße führt zum Kreisverkehr Marine Drive. Direkt gegenüber gelangen Sie über einen Pfad zur **Strandpromenade** hinab. Von hier hat man herrliche Ausblicke auf den Firth of Forth, das »Kingdom of Fife« und die vielen Inseln, die verstreut im Nordseewasser liegen. Ein muschelüberwachsener Betonweg führt bei Ebbe an dreieckigen Unterwasserbarrieren zu **Cramond Island**, einer Gezeiteninsel. Bis in die Sechzigerjahre wurde sie als Schaffarm genutzt und war einstmals berühmt für ihre Austernbänke. Wie viele der Inseln in der Forth-Förde war sie zu Kriegszeiten militärisch befestigt, wovon die Unterstände, Munitionslagerräume, Baracken und Geschützstellungen heute noch Zeugnis ablegen. Über dem Forth fand im Zweiten Weltkrieg der erste Luftangriff auf Großbritannien statt, und auch der britische Geheimdienst war unter und über Wasser stationiert. Achten Sie auf die Gezeitentafel: Für die Überquerung zur Insel hat man nur 2 Std. Zeit, bevor das flutende Wasser den Übergang unmöglich macht.

Laufen Sie an der Promenade nach links. Hinter dem Abzweig zur Insel beginnt der historische Ortskern von Cramond. Weiß getünchte Stein-Cottages mit gepflegten Gärten sowie kleine Galerien und Cafés laden zum Verweilen ein. Der historische Hafen wurde 142 n.Chr. von den Römern angelegt, um ihr nahe gelegenes Fort zu beliefern. Die Reste des Forts liegen weiter im Inland neben der hübschen Kirche **Cramond Kirk** mit ihrem spätmittelalterlichen Westturm. In der rustikalen Dorfschenke **Cramond Inn** aus dem 17. Jh. kann man am Kaminfeuer mit Wohlbehagen die Beine ausstrecken. Dies war auch der Lieblingsplatz des jungen Schriftstellers Robert Louis Stevenson, der die Schenke in seinem Roman »Kidnapped« verewigt hat.

River Almond Walkway ▶ Cramond Brig
Um den Spaziergang fortzusetzen, schlendern Sie an der Flussmündung nach links flussaufwärts. Ein Boot transportierte noch bis vor ein paar

Cramond Island (▶ S. 82) kann man bei Ebbe trockenen Fußes über einen Damm erreichen. Die Balkensperre aus dem Zweiten Weltkrieg diente dem Schutz vor U-Booten.

Jahren Ausflügler auf die andere Seite, die dann weiter am Meer entlang bis nach South Queensferry wandern konnten. Zum großen Bedauern der Einwohner hat die Stadtverwaltung den Fährdienst aufgrund fehlender Sicherheitsstandards eingestellt.

Der **River Almond Walkway** ist gut ausgeschildert und führt Sie immer am Ufer des Flusses Almond entlang. Der Weg ist gut befestigt und passiert die Ruinen einer Mühle, die Arbeiter-Cottages Caddells Row und ein imposantes Wehr. Fünf Mühlen taten hier früher ihren Dienst. Der Pfad geleitet alsdann zu Stufen, die man hinauf- und nach einigen Metern wieder hinunterklettert. Eine geteerte Straße führt anschließend zur **Old Cramond Brig**, die aus dem 15. Jh. stammt und nur noch für Fußgänger und Fahrradfahrer geöffnet ist. Deftige Hausmannskost wird im Gasthaus **Cramond Brig** aufgetragen, und der Bus Nr. 43 bringt Sie direkt vor dem Lokal zurück in die Innenstadt.

AUSFLÜGE IN DIE UMGEBUNG
South Queensferry

CHARAKTERISTIK: Historischer Fährhafen mit Blick auf die Forth Rail Bridge **ANFAHRT:** First Bus Nr. 43 ab Princes Street bis South Queensferry oder Zug von Edinburgh bis Dalmeny. Von dort der Beschilderung »Maid of the Forth« folgen. Bootsausflüge z.B. mit Maid of the Forth, Hawes Pier, www.maidoftheforth.co.uk. **DAUER:** Halbtagesausflug **LÄNGE:** 36 km **EINKEHRTIPP:** Zahlreiche Restaurants und Cafés in South Queensferry, z. B. Hawes Inn, 7 Newhalls Road, South Queensferry, Tel. 3 31 19 90, www.innkeeperslodge.com/edinburgh-south-queensferry €€
KARTE ▶ Klappe hinten, d 4

Der hübsche historische Fährort South Queensferry wurde nach Königin Margarete von Schottland benannt. Die englische Prinzessin war mit dem schottischen König Malcolm III. verheiratet. Fromm und mildtätig etablierte sie an dieser Stelle im 11. Jh. eine kostenlose Fähre, um die berühmte Pilgerroute nach St. Andrews zu unterstützen.

Entlang der pittoresken High Street reihen sich denkmalgeschützte Häuser aus dem 16. und 17. Jh. aneinander. **Black Castle**, ein pechschwarzes Haus von 1626, gehörte einem Schiffskapitän, der nach der Hexerei seiner Frau im Meer ertrunken sein soll. Das **Hawes Inn**, ein uriger, verwinkelter Gasthof, ist die Kulisse für Robert Louis Stevensons Roman »Kidnapped«. Von hier hat man den besten Blick auf die Brücken, die über den Firth of Forth führen und die zentrale Verbindungswege zwischen den Lowlands und Highlands sind.

Einst als achtes Weltwunder erachtet, war die rote Eisenbahnbrücke **Forth Bridge** bei ihrer Eröffnung 1890 die größte Brücke der Welt. Aufgrund ihrer sehr stabilen Konstruktion aus 64 800 t Stahl gilt sie bis heute als eine der stabilsten Brücken der Welt – ganz im Gegensatz zur 1964 eröffneten Autobrücke, die wegen irreparabler Schäden bis 2020 für den Verkehr geschlossen werden soll.

Unmittelbar an der Eisenbahnbrücke bieten zwei Reedereien Bootsausflüge auf dem Forth an. Beide Schiffe befahren den Meeresarm hinaus in Richtung **Inchcolm Island**, die Insel des Columba, auf der eines der besterhaltenen mittelalterlichen Klöster Schottlands steht. Auf einigen Touren besteht die Möglichkeit, auf der Insel an Land zu gehen und mit einem späteren Boot zurückzukehren.

Vom Pier führt ein wunderbarer Spazier- und Fahrradweg immer an der Küste des Forth entlang zurück Richtung Edinburgh nach **Cramond**. Dazu folgt man der Straße unter der Eisenbahnbrücke hindurch nach Osten und nimmt den ersten Abzweig, eine kleine Trasse am Wasser entlang. An einem weißen Tor beginnt der eigentliche »Shore Walk« durch schöne Laubwälder sowie an Sandstränden und niedrigen Klippen vorbei. Folgen Sie den Hinweisschildern, die Sie nach ca. einer Stunde zum **Dalmeny House** führen, einem großen gotischen Herrenhaus, in dem der Earl und die Countess of Rosebery residieren. Das Schloss kann im Sommer besichtigt werden.

Glenkinchie Distillery

CHARAKTERISTIK: Eine Fahrt durch die Midlothians zur Whiskybrennerei Glenkinchie **ANFAHRT:** First Bus 44B vom St. Andrew Square bis zur Pencaitland Tankstation. Zwei Meilen zu Fuß der Beschilderung folgen oder örtliches Taxi rufen: Tel. 0 18 75/34 08 05 **DAUER:** Halbtagesausflug **LÄNGE:** 50 km **EINKEHRTIPP:** Ein kleiner Umweg zum eleganten Hotelrestaurant von Dalhousie Castle lohnt sich, Bonnyrigg, Tel. 0 18 75/82 01 53, www.dalhousiecastle.co.uk €€€
KARTE ▶ Klappe hinten, e 4

Edinburgh beherbergte bis zum 20. Jh. rund ein Dutzend Brennereien, von denen heute nur noch die North British Grain Distillery in Massenproduktion die Grundzutaten der Blended Whiskies destilliert. Ein wenig außerhalb hat dafür die Glenkinchie Distillery überlebt, eine von neun Brennereien, die heute in den Lowlands, im schottischen Flachland, noch aktiv produzieren. Obwohl viele Whiskyliebhaber den kräftigeren torfigen Geschmack der Highlands und Inseln bevorzugen, gibt es in letzter Zeit wieder eine größere Nachfrage nach den leichteren, delikaten Malts der Lowlands, den sogenannten Lady's Whiskies. Glenkinchy, der wegen seiner Nähe zur Hauptstadt auch der »Edinburgh Malt« genannt wird, ist zwar mild im Geschmack, aber auch würzig und mit den komplexen Aromen der Gegend bereichert. Die Destillerie, 1825 von den Gebrüdern Rate unter dem Namen **Milton Distillery** gegründet, erlangte erst in den Neunzigerjahren Popularität, als die Brennerei an

Glenkinchie Distillery (▶ S. 85) ist eine der drei verbliebenen Whiskybrennereien der Lowlands und kann gut im Rahmen eines Halbtagesausflugs besichtigt werden.

Um Rosslyn Chapel (▶ S. 87) ranken sich viele Legenden. Dan Browns Roman »Sakrileg« hat die Kapelle aus dem 15. Jh. einem breiteren Publikum bekannt gemacht.

Diageo, den weltweit größten Spirituosenhersteller, verkauft und unter deren erfolgreichem Label **Classic Malts** vermarktet wurde. Damit lag der Konzern ganz im Trend, denn zu dieser Zeit avancierten Single Malts – also Whiskys aus einer Brennerei – zum schottischen Exportschlager. Seit Jahrhunderten spielt der Whisky eine bedeutsame Rolle für die schottische Ökonomie. Im 18. Jh. war das »Lebenswasser« ein vitaler Bestandteil des ländlichen Wirtschaftens. In einer Zeit, in der die schottische Landbevölkerung zu einer der ärmsten in Europa gehörte, akzeptierten die Großgrundbesitzer von ihren Pächtern Whisky als Zahlungsform. Heute spielen die Schotten auf dem Weltmarkt mit. In den vergangenen 30 Jahren ist Whisky nicht nur zum trendigen Phänomen avanciert, sondern zu einem äußerst lukrativen Business. Abermillionen Flaschen werden weltweit jährlich konsumiert, aneinandergereiht würden sie ohne Weiteres eine bernsteinfarbene Kette von Edinburgh nach New York und zurück bilden. Der Whiskyverkauf generiert fast 3,5 Mrd. £ für die britische Wirtschaft, zählt zu den fünf wichtigen Exportindustrien des Landes und könnte zu einem der zentralen Standbeine für eine zukünftige schottische Unabhängigkeit werden. Besucher empfinden Glenkinchie oft als die perfekte Einstiegsbrennerei, die Führungen vermitteln eine solide Einführung in die Thematik. Dazu gibt es eine Verkostung von 2 Drams aus der Diageo-Kollektion.

INFORMATIONEN
Glenkinchie Distillery
Tranent EH34 5DU • Tel. 01875/34 2004 • www.discovering-distilleries.com • Führungen halbstündlich April–Okt. Mo–Sa 10–16, So 12–16, Aug. bis 17, Nov., Dez. tgl. 12–15, Jan.–März tgl. 12–15 Uhr • 6 £

Rosslyn Chapel und Country Park

CHARAKTERISTIK: In der Bergbaustadt Roslin steht eine der schönsten und berühmtesten Kapellen Schottlands **ANFAHRT:** Mit dem Lothian Bus Nr. 15, stündl. ab Princess Street (Richtung Penicuik). Aussteigen in Roslin beim Hotel; von dort der Beschilderung zur Rosslyn Chapel etwa 5 Min. folgen **DAUER:** Halbtagesausflug **LÄNGE:** 34 km **EINKEHRTIPP:** Grail Restaurant im Rosslyn Hotel, Main Street, Roslin, Tel. 4 40 23 84, www.theoriginalhotel.co.uk/grail-restaurant €€
KARTE ▶ **Klappe hinten, e 4**

Bei Roslin in Midlothian wurde 1303 eine Schlacht im ersten Unabhängigkeitskrieg geschlagen und 1456 unter William Sinclair, dem 1. Earl of Caithness, die **Rosslyn Chapel** gebaut. Die unlängst berühmt gewordene Kapelle ist von großer architektonischer Schönheit und mit zahlreichen Legenden verwoben. Vor allem seit dem weltweiten Erfolg von Dan Browns Roman »The Da Vinci Code« (»Sakrileg«) reißen Mutmaßungen zu ihrer Verwicklung in Freimaurer- und Tempelrittermythen nicht ab. Publizist Christopher Knight und Naturwissenschaftler Robert Lomas zufolge soll sogar der heilige Gral in Rosslyn versteckt worden sein.

Die **Steinschnitzereien** zählen zu den feinsten in Schottland und wurden über 40 Jahre hinweg restauriert. Einige enthalten Pflanzenmotive aus Amerika (Mais, Kaktus, Aloe), die zu jener Zeit noch unbekannt waren. Unter den diffizilen Steinmetzarbeiten kann man eine Sequenz von 213 Kästen mit verschiedenen Mustern erkennen, die von Säulen und Bögen hervorstehen. Da die Kästen Chladnischen Klangfiguren ähneln, werden diese von Experten oft als musikalische Partitur interpretiert. Thomas und Stuart Michell haben den Mustern in 20 Jahren Arbeit Frequenzen und Noten zugeordnet, die zusammen eine Melodie ergeben. Diese sogenannte »Rosslyn Motette« wird heute in der Krypta gespielt.

Die beeindruckende **Lehrlingssäule** verdankt ihren Namen einer Legende aus dem 18. Jh. So soll ein talentierter Lehrling seinen Meister um das Vorhaben gebracht haben, die beeindruckendste Säule der Kapelle zu fertigen. In Abwesenheit des Meisters soll er den Entwurf der Säule geträumt und diese dann gefertigt haben, worauf der zurückgekehrte Meister ihn aus Wut erhängte. Stündlich gibt es Einführungsvorträge.

Der angrenzende **Roslin Glen Country Park** lädt zum Spaziergang ein. Hier murmelt, raunt und schäumt der River Esk durch ein laubbaumbestandenes, liebliches Tal. Eine Broschüre mit allen Wanderwegen ist im Verkaufsraum der Kapelle für 1 £ erhältlich. Am Parkplatz der Rosslyn Chapel leitet ein Wegweiser zu einem »Footpath« und einer Brücke über den River North Esk, hinein ins Roslin Glen. Auf dem Weg dahin passiert man die Ruine von **Roslin Castle**, das im 16. Jh. in die Klippen des Tals hineingebaut wurde.

INFORMATIONEN
Roslin Chapel
Chapel Loan, Midlothian EH25 9PU • Tel. 4 40 21 59 • www.rosslynchapel.org.uk • Mo–Sa 9.30–18, So 12–16.45 Uhr • Eintritt 9 £, Kinder frei

St. Andrews

CHARAKTERISTIK: Das malerische St. Andrews ist nicht nur die Wiege des Golfspiels, sondern auch eine der historisch wichtigsten Städte Schottlands **ANFAHRT:** Stündlich mit Stagecoach Bus 58 und 60 ab Edinburgh Bus Station, Fahrtdauer ca. 1 Std. 45 Min., ca. 15 £ **DAUER:** Tagesausflug **LÄNGE:** 180 km **EINKEHRTIPP:** The Seafood, Bruce Embankment, St. Andrews, Tel. 01334/479475, www.theseafoodrestaurant.com €€ **AUSKUNFT:** St. Andrews Tourist Information, 70 Market St., St. Andrews, Fife KY16 9NU, Tel. 01334/472021
KARTE ▶ Klappe hinten, e 2

Nichts bestimmt das Glück eines Schotten angeblich so sehr wie Sonne und ein Golfplatz. In St. Andrews räkelt sich der traditionellste, ehrwürdigste, umworbenste aller Golfplätze stolz und grün am Meer. Einmal auf dem **Old Course** von St. Andrews gespielt zu haben, zieht Enthusiasten aus der ganzen Welt an. Die etwas konservative Stadt hat dabei nicht nur einen, sondern acht Golfplätze zu bieten, auf denen jedes zweite Jahr die »British Open« ausgetragen werden.
Gesegnet mit einem herrlich weißen Strand und mannigfaltiger Historie scheint in St. Andrews alles ehrwürdig, nobel und geschichtsträchtig zu sein. Die **Universität** ist die älteste und wohl hübscheste in Schottland und neben Cambridge und Oxford eine der Eliteunis des Vereinigten Königreichs. Lange bevor die Studenten und Golfer das Städtchen mit ihrer Gunst und ihrem Geld bedachten, war St. Andrews ein berühmter Wallfahrtsort und zog ähnlich wie Rom und Santiago di Compostella im Mittelalter Tausende Pilger an.
Die **St. Rule's Cathedral** beherbergte nicht nur die Reliquien des hl. Andreas, der Schottlands Nationalheiliger ist, sondern war auch einst das größte Bauwerk Großbritanniens.
Die Kathedrale wurde im 12. Jh. errichtet, 1318 unter Robert the Bruce geweiht und während der Reformation zerstört. Bedingt durch das raue, stürmische Klima und die gewaltigen Ausmaße sind immer wieder Teile eingestürzt. Die Kirche befand sich quasi permanent im Bau. So trägt der Ostgiebel romanische Züge, während der durch einen Sturm eingebrochene Westgiebel gotische Züge aufweist. Auf dem malerischen Friedhof tragen die Grabsteine die Namen vieler Staatsmänner, Golfgrößen und bekannter Einwohner der Stadt. Vom begehbaren Turm schweift das Auge über die Stadt und die Nordseeküste.
Die Ruine des **St. Andrew Castle**, ein Stück weiter östlich, diente als Residenz der Bischöfe und Erzbischöfe von St. Andrews, als die Stadt noch ein Zentrum geistlicher Macht war. Die Burgbewohner waren vielfältigen Bedrohungen ausgesetzt und mussten fortwährend darauf gefasst sein, sich zu verteidigen. Die ursprüngliche Festung wurde im 12. Jh. gebaut und während der Unabhängigkeitskriege Anfang des 14. Jh. zerstört. Ende des 14. Jh. durch Bischof Walter Trail erneuert, fiel sie schließlich dem Treiben der Reformation zum Opfer. Den »Flaschenkerker« hat nachweislich nur einer überlebt, Bischof Graham, der aufgrund politischer Querelen hier drei Tage lang gefangen gehalten wurde und danach wahnsinnig war.

Stirling und Trossachs National Park

CHARAKTERISTIK: Vor den Toren der Renaissancestadt Stirling erstreckt sich der Trossachs-Nationalpark, der zum Wandern, Radfahren und Entspannen einlädt. **ANFAHRT:** Der Nationalpark ist am besten mit dem Pkw zu erreichen, nach Stirling fahren mehrmals pro Stunde Busse wie auch Züge **DAUER:** Tagesausflug **LÄNGE:** 60 km bis Stirling, 111 km bis Loch Katrin, 105 km bis Loch Lomond **EINKEHRTIPP:** Zahlreiche Restaurants entlang der Strecke **AUSKUNFT:** Stirling Tourist Information, Dumbarton Road, Stirling, Tel. 0 17 86/47 50 19
KARTE ▶ Klappe hinten, b/c 2/3

Kaum einer, der früher in den Norden Schottlands wollte, kam an der Renaissance- und Königsstadt **Stirling** vorbei. Hier, wo die flache, fruchtbare Hügellandschaft des schottischen Tieflands auf die steilen Hänge des Hochlands trifft, war der einzige Punkt, wo man den River Forth überqueren konnte. Aufgrund seiner strategischen Lage wurde Stirling oft »Schlüssel zu Schottland« genannt, denn wer immer diesen Übergang kontrollierte, der besaß auch die Macht über die Gegend.

Kein Wunder also, dass Stirling eine der altehrwürdigsten Städte Großbritanniens ist: Sieben bedeutende Schlachtfelder liegen im Umfeld der Stadt, und an der Stirling Bridge hat Braveheart William Wallace über die Engländer gesiegt. Das auf einem Vulkan thronende **Stirling Castle** bildete über Jahrhunderte die wichtigste Festung im Land, war Hort der Reichsinsignien und des Staatsschatzes und ist heute ein wichtiger Touristenmagnet in Schottland.

Hinter Stirling fängt der **Trossachs National Park** an. Majestätische, mit Heide bewachsene Berge, dunkel schimmernde Seen und saftige, grüne Weiden bilden die Kulisse für die »Miniaturhighlands«, wie die Landschaft hier oft genannt wird. Dutzende Vergnügungsboote schippern auf dem »König der schottischen Seen«. Die »bonnie, bonnie banks of Loch Lomond« fanden über Jahrhunderte Eingang in Geschichten und Volkslieder und wurden zuletzt durch die schottische Musikgruppe Runrig international bekannt gemacht.

Am stillen Ostufer führt der **West Highland Way**, eine sehr populäre Fernwanderstrecke, auf einer alten Viehhändlerroute entlang. 2002 zu Schottlands erstem Nationalpark erklärt, beherbergen die Trossachs mit dem **Queen Elizabeth Forest Park** den größten Wald Großbritanniens. Ein weiterer Ausflugsort ist das zwischen den Bergen Ben Ledi und Ben Venue eingekesselte **Loch Katrin.** Der See liefert das Frischwasser für Glasgow. Vom hölzernen viktorianischen Trossachs Pier legt dreimal am Tag das nostalgische Dampfschiff »Sir Walter Scott« ab (www.lochkatrine.com).

INFORMATIONEN

Autovermietung
Arnold Clark • Tel. 01 41/2 37 43 74 • www.arnoldclarkrental.com

Tagesausflüge in die Highlands
– deutschsprachig: Wind & Cloud Travel • Tel. 3 31 15 76 • www.schottland-reise.com
– englischsprachig: Rabbie's Tours • Tel. 2 26 31 33 • www.rabbies.com

Die Forth Rail Bridge über den Firth of Forth bei South Queensferry (▶ S. 84) war bei ihrer Eröffnung 1890 die Brücke mit der größten Spannweite der Welt.

Wissenswertes
über Edinburgh

Nützliche Informationen für einen gelungenen
Aufenthalt: Fakten über Land, Leute und Geschichte
sowie Reisepraktisches von A bis Z.

Auf einen Blick

Mehr erfahren über Edinburgh – Informationen über Land und Leute, von Bevölkerung über Geografie, Politik und Religion bis Sprache.

AMTSSPRACHE: Englisch, Gälisch, Scots
BEVÖLKERUNG: 75 % Schotten, 25 % andere
EINWOHNER: 495 000
FLÄCHE: 262 qkm
INTERNET: www.edinburgh.gov.uk
RELIGION: 42 % Presbyterianer, 28 % Atheisten, 15 % Katholiken
WÄHRUNG: Britisches Pfund

Bevölkerung

Mit fast 500 000 Einwohnern ist Edinburgh die zweitgrößte Stadt in Schottland. Ein Viertel der Einwohner wurde außerhalb Schottlands geboren. Inzwischen bilden Osteuropäer den größten Migrationsanteil.

Geografie und Lage

Edinburgh liegt im östlichen Bereich der schottischen Lowlands und wird im Norden von der Förde Firth of Forth und im Süden von den Pentland Hills begrenzt. Die Landschaft ist ein Produkt früherer Vulkantätigkeit und intensiver Abtragung während der Eiszeiten. Vor ca. 400 Mio. Jahren entstanden die vulkanischen Erhebungen wie Castle Rock, Calton Hill und Arthur's Seat.

Politik und Verwaltung

Edinburgh ist seit 1633 die Hauptstadt Schottlands. Hier tagt auch seit dem 6. Mai 1999 wieder das schottische Parlament, dessen Befugnisse etwa denen eines deutschen Landes-

◄ In voller Montur: Militärkapelle auf dem Edinburgh Castle (► S. 54).

parlaments vergleichbar sind und sich auf die Bereiche Gesundheit, Umwelt, Wirtschaft und Finanzen, Justiz, kommunale Verwaltung sowie Bildung und Kultur erstreckten.
Bereits in der ersten Regierungsperiode wurden 62 Gesetze, darunter so wichtige wie die Landreform und die Modernisierung des Bildungssystems, verabschiedet. Bei den Parlamentswahlen 2011 hat die Scottish National Party (Schottische Nationalpartei), die für die schottische Unabhängigkeit zu Felde zieht, die mit Abstand größte Anzahl an Sitzen und die absolute Mehrheit gewonnen. Für 2014 wird ein Referendum avisiert, in dem die Schotten über ihre Unabhängigkeit abstimmen werden.

Religion

Der regelmäßige Gang zur Messe am Sonntag wird in Edinburgh immer seltener. Seit John Knox im 16. Jh. die Kirche reformierte, kam es in den presbyterianisch organisierten Kirchen immer wieder zu Glaubenskämpfen und Abspaltungen. Die Church of Scotland ist nun die größte konfessionelle Gruppierung, ihr fühlen sich heute 42 % der Schotten verbunden. Die Gottesdienste der Free Church of Scotland, der Free Presbyterians und ihrer zahlreichen Abspaltungen bestehen aus unbegleitetem Psalmsingen und einer manchmal sehr langen Predigt, auf den Hebriden meist auf Gälisch.
Ungefähr 15 % der Schotten sind römisch-katholisch, insbesondere in Glasgow, wo irische Einwanderer den Katholizismus im 19. Jh. wieder einführten, auf den Hebrideninseln Barra und South Uist sowie in einigen Enklaven in den Highlands, in denen der Katholizismus die Reformation überdauerte. Der Islam ist mit ca. 50 000 Anhängern die größte nichtchristliche Religion. Jüdische und hinduistische Gemeinden existieren vorwiegend in Glasgow und Edinburgh. 28 % der Schotten bezeichnen sich als nicht gläubig.

Sprache

Schottland besitzt zwei offiziell anerkannte Sprachen: Englisch und Gälisch, die im Schulunterricht angewandt werden. Die meisten Schotten bedienen sich dabei eines Dialekts des Standardenglisch, ungefähr 30 % sprechen fließend Scots. Dieses entstammt wie das moderne Englisch dem Altenglischen und wäre ohne die politische Annäherung durch die Vereinigung des Königreichs wohl zu einer eigenen Sprache geworden. Das »Scottish National Dictionary« umfasst 10 Bände mit ca. 50 000 Wörtern, die im Englischen nicht existieren.
Das Gälische war vom 3. bis zum 11. Jh. weitgehend die Landessprache, wurde aber bereits im 11. Jh. als Hofsprache abgeschafft, im 18. Jh. nach der Schlacht von Culloden kurzzeitig verboten und seitdem massiv unterdrückt. Erst seit den Achtzigerjahren gibt es von staatlicher Seite eifrige Versuche, die Sprache zu bewahren. Die BBC hat einen gälischsprachigen Fernseh- und Radiosender eingerichtet, auf der Hebrideninsel Skye wurde ein gälisches College gegründet, und auch in einigen städtischen Schulen werden Erstklässler wieder in Gälisch unterrichtet. Nichtsdestotrotz wird die Sprache heute fast nur noch auf den Hebriden und von nicht mehr als 1 % der Bevölkerung gesprochen.

Geschichte

Ca. 2000 v. Chr.
Primitive steinerne Ruinen aus der Bronzezeit sind der erste Hinweis auf eine Besiedlung von Holyrood Park, Craiglockhart Hill und der Pentland Hills. Um 400 v. Chr. entsteht die erste Eisenbearbeitung.

Ab. 43 n. Chr.
Die Römer beginnen die Eroberung Britanniens und erreichen 80 n. Chr. die Lothians, doch die Unterwerfung der schottischen Pikten misslingt. Kaiser Hadrian lässt ab 122 den nach ihm benannten Wall errichten.

Um 400
Die Römer ziehen aus Britannien ab.

Ca. 700
Keltische Stämme errichten eine Festung mit Namen »Din Eidyn« und verlieren ihre Vorherrschaft an König Oswald von Northumbria.

950
Unter der Regentschaft des schottischen Königs Indulf gelangt die Stadt zurück in schottische Hände und erhält das germanische Suffix »burgh«. In dieser Zeit verbreitet sich auch die Sprache Scots.

1128
König David I. gründet die Holyrood Abbey, die von Augustinermönchen unterhalten wird.

Um 1150
Der schottische König Malcom III. Canmore baut auf dem Vulkanfelsen eine Burg, die unter seiner Regentschaft zur Hauptfestung der schottischen Monarchie wird.

1329
Robert I. (Robert the Bruce) spricht Edinburgh und dem Hafen von Leith die Stadtrechte zu.

1385
Die Engländer nehmen Edinburgh ein und brennen die St. Giles Cathedral und die Stadthalle nieder.

1437
Nach der Ermordung von König James I. löst Edinburgh das nördlich gelegene Perth als Hauptstadt ab.

1513
Im Anschluss an die vernichtende Niederlage von König James IV. in der Schlacht von Flodden Field wird aus Furcht vor einer englischen Invasion die Stadtmauer errichtet. Die Bauarbeiten dauern bis 1560 an.

1583
Die Edinburgh University wird gegründet. Mehrere Seuchen suchen die Stadt heim.

1603
König James VI., der Sohn der 1587 in London hingerichteten Maria Stuart, erhält zusätzlich zum schottischen auch den englischen Thron und vereint beide Länder in einer Union. Schottland bleibt ein unabhängiges Königreich und richtet ein Parlament in Edinburgh ein.

1621
Wegen der permanenten Feuergefahr werden Strohdächer verboten. Zu dieser Zeit entstehen infolge von Platzmangel und Übervölkerung auch die ersten »Wolkenkratzer«.

1650
Im Anschluss an den Englischen Bürgerkrieg wird die Stadt zwar von Oliver Cromwell eingenommen, erlebt aber in politischer Hinsicht eine Blütezeit. Die Population wächst auf 50 000 Einwohner an.

1670
Der botanische Garten wird gegründet und ist damit nach Oxford der zweitälteste in Großbritannien.

1707
Der »Act of Union« vereinigt die Königreiche England und Schottland zum »Vereinigten Königreich von Großbritannien«. Das Parlament in Edinburgh löst sich auf, einige Abgeordnete ziehen nach London um. Die Bildung der Union führt zu Aufständen in Schottland.

Um 1750
Edinburgh wird zum Zentrum der Aufklärung. Schottland hat mit 75 % den größten Anteil an Lese- und Schreibkundigen in Europa. David Hume, Walter Scott und Adam Smith sind nur einige der Berühmtheiten, die Edinburgh den Beinamen »Athen des Nordens« einbrachten.

1767
James Craig gewinnt den Wettbewerb um die New-Town-Bebauung. In den folgenden 30 Jahren entsteht eines der teuersten und modernsten Wohnviertel Großbritanniens.

1832
Edinburgh leidet unter schlimmen Cholera-Ausbrüchen, die in den folgenden Jahrzehnten immer wieder auftreten. Nichtsdestotrotz steigt die Einwohnerzahl bis 1851 auf 170 000.

Um 1850
Edinburgh verliert seine Bedeutung als Industriestadt zugunsten von Glasgow. Das Druck-, Brau- und Finanzgewerbe expandiert.

1895
Edinburgh wird elektrifiziert.

Um 1920
Die Stadtverwaltung beseitigt die Slums in der Altstadt und siedelt die Armen am Stadtrand an.

1947
Das erste Edinburgh Festival wird veranstaltet.

Ab 1950
Der Finanzsektor wächst ungehemmt. Edinburgh wird eines der wichtigsten Finanzzentren Europas. Gleichzeitig wird der Tourimus zur wichtigen Einnahmequelle der Stadt.

1999
Im Zuge einer Volksabstimmung über den Autonomiestatus erhält Schottland nach fast 300 Jahren sein eigenes Parlament. Es tagt wie die schottische Regierung in Edinburgh.

2007
Mit den Parlamentswahlen wird die 1934 gegründete schottische Nationalpartei (SNP) zum ersten Mal die größte Fraktion im Parlament. Die SNP unter dem Ministerpräsidenten Alex Salmond kämpft für eine schottische Unabhängigkeit.

2011
Die SNP erringt bei den Parlamentswahlen einen historischen Sieg. Sie wird zur ersten Partei, die mit einer absoluten Mehrheit regieren kann.

Sprachführer Englisch

Wichtige Wörter und Ausdrücke

Ja – Yes
Nein – No
Bitte – please
Gern geschehen – My pleasure/you're welcome
Danke – Thank you
Wie bitte? – Pardon?
Ich verstehe nicht – I don't understand
Entschuldigung – Sorry/I beg your pardon/excuse me
Guten Morgen – Good morning
Guten Tag – How do you do
Guten Abend – Good evening
Hallo – Hello
Ich heiße … – My name is …
Ich komme aus … – I come from …
Wie geht's? – How are you?
Danke, gut – Fine, thanks
Wer, was, welcher – Who, what, which
Wie viel – How many/how much
Wo ist … – Where is …
Wann – When
Wie lange – How long
Sprechen Sie Deutsch? – Do you speak German?
Auf Wiedersehen – Good bye
Heute – Today
Morgen – Tomorrow

Zahlen

eins – one
zwei – two
drei – three
vier – four
fünf – five
sechs – six
sieben – seven
acht – eight
neun – nine
zehn – ten
elf – eleven
zwölf – twelve
dreizehn – thirteen
vierzehn – fourteen
fünfzehn – fifteen
sechszehn – sixteen
siebzehn – seventeen
achtzehn – eighteen
neunzehn – nineteen
zwanzig – twenty
einundzwanzig – twenty-one
dreißig – thirty
vierzig – forty
fünfzig – fifty
sechzig – sixty
siebzig – seventy
achtzig – eighty
neunzig – ninety
einhundert – one hundred
einhundertzwei – one hundred and two
eintausend – one thousand

Uhrzeiten

1 Uhr – one o'clock/one a.m.
13 Uhr – one p.m.
halb zwei – half past one
Viertel nach/vor eins – quarter past/to one
Viertel vor zwei – quarter to two
Mitternacht – midnight
Mittag – midday/noon
eine Stunde – one hour
Einen Augenblick, bitte – One moment, please

Wochentage

Montag – Monday
Dienstag – Tuesday
Mittwoch – Wednesday
Donnerstag – Thursday
Freitag – Friday
Samstag – Saturday
Sonntag – Sunday

Unterwegs

Wie weit ist es nach …? – How far is it to …?
Wie kommt man nach …? – How do I get to …?
Wo ist …? – Where is …?
 – die nächste Werkstatt? – the nearest garage
 – der Bahnhof/Busbahnhof – the station/bus terminal
 – die nächste Bus-Station – the nearest bus terminal
 – der Flughafen – the airport
 – die Touristeninformation – the tourist information
 – die nächste Bank – the nearest bank
 – die nächste Tankstelle – the nearest petrol station
Wo finde ich einen Arzt/eine Apotheke? – Where do I find a doctor/a pharmacy?
Bitte volltanken! – Fill up, please
Normalbenzin – Regular petrol
Super – Super
Diesel – Diesel
rechts – right
links – left
geradeaus – straight ahead
Ich möchte ein Auto mieten – I would like to hire a car
Wir hatten einen Unfall – We had an accident
Eine Fahrkarte nach … bitte – A ticket to … please

Übernachten

Ich suche ein Hotel – I'm looking for a hotel
Ich suche ein Zimmer für … Personen – I'm looking for a room for … people
Haben Sie noch Zimmer frei? – Do you have any vacancies?
 – für eine Nacht – for one night
 – für eine Woche – for one week
Ich habe ein Zimmer reserviert – I made a reservation for a room
Wie viel kostet das Zimmer? – How much is the room?
 – mit Frühstück – including breakfast
 – mit Halbpension – including half board
Kann ich das Zimmer sehen? – Can I have a look at the room?
Kann ich mit Kreditkarte zahlen? – Do you accept credit cards?

Essen und Trinken

Die Speisekarte, bitte – Could I see the menu, please?
Die Rechnung, bitte – Could I have the bill, please?
Ich hätte gern einen Kaffee – I would like to have a cup of coffee
Wo finde ich die Toiletten (Damen/Herren)? – Where are the washrooms (ladies/gents)?
Kellner – waiter
Frühstück – breakfast
Mittagessen – lunch
Abendessen – dinner

Einkaufen

Wo gibt es …? – Where do I find …?
Haben Sie …? – Do you have …?
Wie viel kostet das? – How much is this?
Das ist zu teuer – That's too much
Danke, das ist alles – Thank you, that's it
geöffnet/geschlossen – open/closed
Bäckerei – bakery
Markt – market
Lebensmittelgeschäft – supermarket, grocery shop
Briefmarken für einen Brief/eine Postkarte nach Deutschland/Österreich/in die Schweiz – stamps for a letter/a postcard to Germany/Austria/Switzerland

Kulinarisches Lexikon

A
ale – obergäriges Bier
angus-beef – schottisches Gourmet Rindfleisch
apple crumble – mit Streuseln überbackenes Apfelkompott

B
bacon – Speck
banger & mash – Würstchen mit Kartoffelbrei
bannock – oft süßer Haferbrotlaib
banoffee pie – Bananen-Toffee-Kuchen
baps – Brötchen, oft warm mit Schinken serviert
battered – paniert
beans – Bohnen, zum Frühstück mit Tomatensoße
black bun – Früchtekuchen
black pudding – Blutwurst
boiled egg – gekochtes Ei
bread – Brot
bread-and-butter-pudding – süßer Brotauflauf
bridie – Pastete mit Fleisch, Kartoffeln, Zwiebeln
bun – süßes Brötchen

C
cabbage – Kohl
cake – Kuchen
carrot cake – Karottenkuchen
cauliflower – Blumenkohl
cereal – Getreideflocken
cheddar – Hartkäse
cheese cake – Käsekuchen
chicken – Huhn
chop – Kotelett
clam – Venusmuschelns
cloothie dumpling – Rosinenkuchen mit Zimt (Weihnachten)
cock-a-leekie – Hühnersuppe mit Lauch und Backpflaumen
courgette – Zucchini
crab – Krabbe
cranachan – Schlagcreme mit Himbeeren und Hafer
cream – Sahne
crisps – Chips
cullen skink – Räucherfischsuppe
custard – Vanillesoße

D
danish pastry – Plundergebäck
dumpling – Knödel

E
eel – Aal
egg – Ei

F
fat – Fett
fennel – Fenchel
fish and chips – panierter Fisch mit Pommes frites
fruit – Obst
fudge – Buttertoffee
full Scottish breakfast – Eier, Speck, Tomaten, Pilze, Würstchen, Bohnen

G
game – Wildbret
gammon – geräucherter Schinken
gateau – Torte
ginger – Ingwer
grape – Weintraube
grouse – Moorhuhn

H
haddock – Schellfisch
haggis – Grützwurst aus Schafsinnereien und Hafermehl
hake – Seehecht
ham & haddy – eine Art Kassler mit Schellfisch und Sahnesoße serviert
herbs – Kräuter
hugga-muggie – Fischhaggis

J
jam – Konfitüre
jelly – Wackelpudding
juice – Saft

K
kale – Grünkohl
kipper – heißer Räucherhering
kindney bean – Nierenbohne

L
lamb – Lamm
lager – helles Bier
leek – Lauch
lemon – Zitrone
lentil – Linsen
lime – Limone
liver – Leber
lobster – Hummer

M
marmalade – Orangenmarmelade
meat – Fleisch
medium rare – rosafarbenes, halbgares Fleisch
mince – Hackfleisch mit Zwiebeln, Möhren und Bratensoße
mushroom – Pilz
mussel – Muschel
mustard – Senf
mutton – Hammelfleisch

N
neeps – gestampfte Rüben
nut – Nuss

O
oatcakes – Haferkekse
oats – Haferflocken
oyster – Auster

P
pancake – Pfannkuchen
pastries – Gebäck
peach – Pfirsich
pear – Birne
pepper – Pfeffer
pie – Fleischpastete
plum – Pflaume
pork – Schweinefleich
potatoe – Kartoffel
puff pastry – Blätterteig

R
rare – fast rohes Fleisch
raspberry – Himbeere
rhubarb – Rabarber
rice – Reis

S
salmon – Lachs
salt – Salz
sausage – Würstchen
scallop – Jakobsmuschel
scones – Küchlein aus Mehl und Butter
scotch broth – Graupensuppe mit Lamm und Gemüse
scrambled egg – Rührei
sirloin – Filet
skirlie – Beilage/Füllung aus gebratenen Zwiebeln und Hafermehl
smokies – Räucherfisch
sole – Seezunge
squid – Tintenfisch
steak pie – eine Art Rindergulasch
strawberry – Erdbeere
stovies – Püree aus Kartoffeln und Zwiebeln

T
tatties – gestampfte Kartoffeln
trifle – Schichtpudding
tuna – Thunfisch

V
vinegar – Essig

W
well done – gut durchgebraten
white pudding – gebratene helle Wurst, oft vegetarisch

Reisepraktisches von A–Z

ANREISE

MIT DEM FLUGZEUG

Der Edinburgh Airport liegt etwa 11 km westlich der Stadt und wird mittlerweile von vielen Orten aus Deutschland, Österreich und der Schweiz direkt angeflogen. Günstige Verbindungen bestehen auch zum Glasgow International Airport, etwa 1 Std. von Edinburgh entfernt.

Auf www.atmosfair.de und www.myclimate.org kann jeder Reisende durch eine Spende für Klimaschutzprojekte für die CO_2-Emissionen seines Fluges aufkommen.

Vom Flughafen hat man zwei Möglichkeiten, in das etwa 20 Min. entfernte Stadtzentrum zu gelangen. Der Flughafenbus Airlink 100 fährt im 10-Min.-Takt bis zur Princes Street. Eine Einzelfahrt kostet 3,50 £, ein Return-Ticket 6 £. Eine weitere Möglichkeit ist der Stadtbus Nr. 35. Dieser fährt allerdings umständliche Schleifen durch die Vororte und benötigt fast dreimal so lang ins Zentrum. Für eine Einzelfahrt sind 1,40 £ fällig, ein Tagesticket (das auch für alle anderen Stadtbusse gültig ist) kostet 3,50 £.

Edinburgh Airport • Tel. 3 33 10 00 • www.baa.com/edinburgh

MIT DEM AUTO

Die einzige Fährverbindung vom europäischen Festland nach Edinburgh wurde 2010 eingestellt. Von der französischen und niederländischen Küste kann man in einer halben Stunde nach Südengland übersetzen. Die kürzeste und beliebteste Verbindung führt mit der Fähre von Calais nach Dover (günstige Nachttarife) oder mit dem Autoreisezug nach Folkestone durch den Eurotunnel. Vom Süden Englands ist Schottland jedoch noch eine Tagesreise entfernt. Die Fähren von DFDS Seaways setzen von Mitte Februar bis September täglich in knapp 16 Std. von Amsterdam nach Newcastle über, die Luxusfähre »Pride of Hull« der P&O-Reederei in 11 bzw. 14 Std. von Rotterdam und Zeebrugge nach Hull. Newcastle liegt rund 2,5 Std. und Hull rund 6,5 Std. von Edinburgh entfernt.

– Eurotunnel: www.eurotunnel.com
– P&O Ferries: www.poferries.com
– Superfast Ferries: www.superfast.com
– DFDS Seaways: www.dfdsseaways.de

MIT DER BAHN

Mit der Bahn führt jeder Weg über London. Von der King's Cross Station gelangt man mit Eurostar, GNER und First Scotrail in 5 Std. nach Edinburgh Waverly. Der Schlafwagen »Caledonian Sleeper« benötigt ca. 8 Std. bis Edinburgh. Innerhalb Großbritanniens kann man durch sorgfältiges Vergleichen der Anbieter und rechtzeitiges Buchen äußerst preisgünstig mit der Bahn fahren und außerhalb der Hauptverkehrszeit (»off peak«) mehr als die Hälfte des Fahrpreises einsparen. Return-Tickets sind oftmals genauso teuer wie einfache Karten für die Hinfahrt. Landesweite Fahrplanauskunft rund um die Uhr unter Tel. 08457/484950.

– Eurostar: www.eurostar.com
– GNER: www.gner.co.uk
– First Scotrail: www.firstgroup.com

MIT DEM BUS

Die Busse der Deutschen Touring fahren von vielen deutschen Städten nach London. Sicher nicht die bequemste Art zu reisen, eine Fahrt von

Köln nach London dauert 12 Std., von Berlin 17 Std. Zwischen London, Glasgow und Edinburgh verkehren Busse des National Express. Über die Eurolines des National Express kann man auch die Gesamtstrecke buchen, z. B. Frankfurt–Glasgow in 27 Std. Offene Rückfahrkarten erlauben Flexibilität in der Urlaubsplanung.
– Deutsche Touring GmbH:
www.touring.de
– National Express: www.national express.com

AUSKUNFT
IN DEUTSCHLAND
Visit Britain
Dorotheenstr. 54, 10117 Berlin • Tel. 0 30/31 57 19 17 • www.visitbritain.com/de

IN ÖSTERREICH
Britain Visitor Centre
c/o British Council, Siebensterngasse 21, 1070 Wien • Tel. 01/5 33 26 16 • www.britishcouncil.at

IN DER SCHWEIZ
Britisches Verkehrsbüro
Badenerstr. 21, 8004 Zürich • Tel. 044/00 70 07 (Ortstarif) • www.visitbritain.com/de/CH/

IN EDINBURGH
Visit Scotland ▸ S. 117, D 17
New Town • 3 Princes St. • Bus: Jenners • Tel. 4 73 38 68 • www.visitscotland.com • tgl. 10–17, Juli, Aug. 10–19 Uhr

BEHINDERTE
Sowohl die britische Behindertenorganisation Capability Scotland, als auch Visit Scotland sowie der National Trust for Scotland erteilen Auskunft und geben Broschüren über behindertengerechte Einrichtungen, Unterkünfte und Besucherattraktionen heraus. Piktogramme zeigen, ob und in welchem Grad Unterkünfte auf behinderte Reisende eingestellt sind. Sie können für 20 £ eine »Disabled Persons Railcard« schriftlich beantragen und damit um ein Drittel ermäßigt Zug fahren (www.disabledpersons-railcard.co.uk). Eine Broschüre mit behindertengerechten Unterkünften und Sehenswürdigkeiten ist unter www.visitscotland.com/library/accessiblescotland erhältlich.
Capability Scotland • Tel. 3 37 98 76 • www.capability-scotland.org.uk

BUCHTIPPS
Irvine Welsh: Trainspotting (Goldmann, 1999) Der erste Roman des in Leith ansässigen Autors wurde zum Kultbuch und erfolgreich verfilmt. Er spielt in den Achtzigerjahren in der Hafengegend, als man Leith als Drogenhauptstadt Europas bezeichnete. Die Geschichte dreht sich um verschiedene Charaktere, die entweder heroinsüchtig oder in andere destruktive Aktivitäten involviert sind.
Theodor Fontane: Jenseits des Tweed (Insel, 2011) Die Reiseaufzeichnungen seiner Schottlandreise im Sommer 1858 spiegeln Fontanes Faszination für die Landschaft und Geschichte Schottlands wider. Im August bestieg er mit seinem Freund Bernhard von Lepel den Nachtzug von London nach Edinburgh und verbrachte dort eine Woche. Die Aufzeichnungen lesen sich wie ein unterhaltsamer Reiseführer »out of date«.
Ian Ranking: Inspector Rebus Romane (Goldmann, 2002–2011) Die fein gesponnenen, etwas düsteren Kriminalromane mit Inspector Rebus sind Publikumslieblinge in Schottland. Der eigenbrötlerische

Edinburgher Kommissar unternimmt seine Recherchen mit Vorliebe in einschlägigen Pubs und den Armenvierteln Pilton und Muirhouse.
Muriel Spark: Die Blütezeit der Miss Jean Brodie (Diogenes, 2003) Die Geschichte der unkonventionellen Lehrerin Miss Jean Brodie spielt in der biederen Marcia Blaine School im Edinburgh des 19. Jh. Der Roman liefert einen exzellenten Einblick in die eleganten Privatschulen und hat Sparks Weltruhm begründet.
Robert Louis Stevenson: Der seltsame Fall von Dr. Jekyll und Mr. Hyde (Insel, 2011). Die klassische Doppelgängergeschichte entspinnt sich an atmosphärischen Schauplätzen im Edinburgh des 19. Jh.

DIPLOMATISCHE VERTRETUNGEN
Botschaft der Bundesrepublik Deutschland ▶ S. 116, A 17
West End • 16 Eglinton Crescent • Bus: Haymarket Station • Tel. 3 37 23 23

Botschaft der Republik Österreich ▶ S. 110, C 7
New Town • 9 Howard Pl. • Bus: Tanfield • Tel. 5 58 19 55

Botschaft der Schweiz ▶ S. 116, A 17
West End • 58/2 Manor Pl. • Bus: Palmerston Place • Tel. 2 25 93 13

GELD

1 £	1,13 €/1,23 SFr
1 €	0,88 £
1 SFr	0,82 £

Das Pfund Sterling (£) ist in 100 Pence (p) unterteilt. Die drei großen schottischen Banken, Bank of Scotland, Royal Bank of Scotland und Clydesdayle Bank drucken ihre eigenen Banknoten, die zwar im Rest Großbritanniens nicht überall als Zahlungsmittel akzeptiert, aber bei jeder Bank kostenfrei in englische Pfund umgetauscht werden können. Alle größeren Institute wie Lloyds TSB, Girobank, Barclays besitzen in Edinburgh mehrere Zweigstellen, die in der Regel Mo–Fr von 9–16 Uhr geöffnet haben. Ihre Geldautomaten verfügen meist über deutschsprachige Bedienungsanleitungen und akzeptieren Bank- und alle gängigen Kreditkarten mit Geheimzahl. Am preiswertesten ist die Barabhebung mit der Maestro-Card (EC-Karte).
Mit Kreditkarte kann man in Hotels, Geschäften, Tankstellen und Bahnhöfen zahlen, kleinere Lokalitäten wie Cafés und B&Bs ziehen oft Bargeld vor. Devisen können in Flughäfen, Wechselstuben, Banken und auf der Post umgetauscht werden.

FEIERTAGE
1./2. Jan. Neujahr
Karfreitag
Ostermontag
Erster Mo im Mai May-Day
Letzter Mo im Mai Bank Holiday
Erster Mo im Aug. Bank Holiday
Letzter Mo im Nov. St. Andrew's Day
25. Dez. Christmas Day
26. Dez. Boxing Day

INTERNET
In den Bibliotheken kann man eine halbe Stunde lang gratis ins Internet gehen, muss sich allerdings als temporäres Mitglied anmelden. Viele Hotels, Hostels und B&Bs sowie die meisten Cafés und Restaurants bieten WLAN-Internetzugang an, ebenso wie Touristeninformationen und natürlich die Internet-Cafés.

West Bow Internet Cafe
▶ S. 116, C 17

Old Town • 98 West Bow • Bus: Victoria Street • Tel. 2 26 54 00 • www.edininternetcafe.com • ab 1£

www.visitscotland.com
Das Fremdenverkehrsamt Visit Scotland unterhält eine deutsche Webseite, auf der man viele nützliche Adressen und Infos zu Edinburgh findet.

www.edinburgh.org
Umfassende Tipps und Hinweise der Edinburgher Touristeninformation zu Unterkünften, Attraktionen, zu Geschichte und Kultur.

www.edinburgh.gov.uk
Der Internetauftritt der Stadtverwaltung Edinburghs versammelt praktische Informationen zu öffentlichen Einrichtungen wie Schwimmbäder, Museen, Parkanlagen, Segelhäfen, Events und Festivals.

www.edinburghguide.com
Private Webadresse zu News und Geschichte, Stadtteilen, Restaurants und Unterkünften.

MEDIZINISCHE VERSORGUNG
KRANKENVERSICHERUNG

EU-Bürger haben im Krankheitsfall Anspruch auf eine kostenlose ärztliche und zahnärztliche Behandlung durch den staatlichen Gesundheitsdienst. Die Vorlage einer Europäischen Krankenversicherungskarte (EHIC) ist ausreichend. Als zusätzlicher Versicherungsschutz empfiehlt sich der Abschluss einer Auslandskrankenversicherung, da diese Krankenrücktransporte mitversichert. In den Touristinformationen bekommt man Auskünfte über nahe gelegene Arztpraxen. Dort muss man bisweilen pro forma ein »Temporary Residence«-Formular ausfüllen.

KRANKENHÄUSER

Im Notfall wendet man sich per Telefon an den National Health Service, NHS 24. Hier wird man bei Bedarf in ein Krankenhaus überwiesen.
Tel. 0 84 54/24 24 24

APOTHEKEN

»Pharmacies« oder »chemistries« gibt es in fast jedem Viertel. Sie sind meist von 10–18 Uhr geöffnet. Rezeptfreie Medikamente sind in größeren Supermärkten und Drogerien wie »Boots« erhältlich. Viele Drogerien besitzen eine »dispensary«-Abteilung, in der man außerdem die zuzahlungspflichtigen Medikamente mit ärztlichem Rezept bekommt.

Royal Mile Pharmacy
▶ S. 117, D 17

Old Town • 67 High Street • Tel. 5 56 19 71 • www.royalmilepharmacy.co.uk • Mo–Fr 9–18, Sa 9–17 Uhr

NOTRUF

– **Polizei, Feuerwehr, Rettungsdienst** Tel. 9 99
– **Pannenhilfe der Automobile Association (AA)** Tel. 08 00/88 77 66
– **Pannenhilfe des Royal Automobile Club (RAC)** Tel. 08 00/82 82 82

ÖFFNUNGSZEITEN

Weil es heute kein Ladenschlussgesetz mehr gibt, dürfen schottische Geschäfte rund um die Uhr geöffnet sein. Allgemeine Öffnungszeiten wie die der Postämter sind von Mo–Fr 9–17.30, Sa 9–12.30 Uhr. Viele Läden, vor allem in den touristischen Stadtteilen, schließen allerdings später. Pubs öffnen in der Regel Mo–Sa 11–23 und So 12.30–23, Restaurants 12–14 und 18–21 Uhr (mit häufig So oder Mo als Ruhetag).

NEBENKOSTEN

1 Tasse Kaffee	3,00 €
1 Bier (kleines Helles)	3,50 €
1 Cola	2,50 €
Fish and Chips	ab 7,00 €
1 Schachtel Zigaretten	7,00 €
1 Liter Benzin	1,75 €
Öffentl. Verkehrsmittel (Einzelfahrt mit dem Bus)	2,00 €
Mietwagen/Woche	ab 130,00 €

POST

Die Briefkästen in Edinburgh sind rot. Die ebenfalls rot beschilderten »Post Offices« sind über die ganze Stadt verteilt. Briefmarken erhält man in allen Postfilialen, Zeitungsläden und an Tankstellen. Eine Postkarte nach Deutschland, Österreich und in die Schweiz kostet 0,87 £.

RAUCHEN

Seit März 2006 darf in keinem öffentlichen Gebäude und Transportmittel mehr geraucht werden. Das schließt auch Pubs, Hotelzimmer, Bahn- und Flughäfen mit ein. Viele Kneipen haben sich mit kleinen »Raucherlauben« vor der Tür auf das Freiluftrauchen eingestellt.

REISEDOKUMENTE

Deutsche, Österreicher und Schweizer können mit einem gültigen Reisepass oder Personalausweis (Identitätskarte) einreisen. Kinder benötigen ein eigenes Reisedokument. Schweizer müssen bei der Einreise die »Pink Card« (rosa Formular) ausfüllen.

REISEKNIGGE

Die Schotten wie die Briten allgemein sind sehr versiert im Duktus der Höflichkeit. Wendungen wie »How are you«, »Sorry« und »Thank you« sind oft und unbekümmert im Gebrauch. So kann es sogar passieren, dass man jemandem auf die Füße tritt und dieser sich mit einem »sorry« entschuldigt. Vor Bushaltestellen, Ticketschaltern, Kinokassen – wo auch immer viele Menschen das Gleiche wollen – stellt man sich wohlerzogen und anständig hinten in der Schlange (»queue«) an. Auf der ganzen Insel sieht man selten Drängler, stattdessen eine disziplinierte Queueing-Kultur. Es gilt als unhöflich, ohne Mitbringsel bei schottischen Gastgebern aufzutauchen. Bei Privatpartys ist es angebracht, Getränke und eventuell Essen mitzubringen, damit sich der Gastgeber nicht in Unkosten stürzen muss.

REISEZEIT

Edinburgh ist das ganze Jahr über reizvoll. Die schönsten Monate zum Wandern und Entdecken sind der Mai, Juni und September. Das Wetter ist dann sonnig und heiter, vergleichsweise regenarm, und die ganze Stadt präsentiert sich beschaulich und entspannt. Auch im Herbst und Winter kann eine Reise nach Edinburgh schön und stimmungsvoll sein. Die Temperaturen fallen selten unter 0 °C. Im August gipfelt der saisonale Ansturm der Urlauber. Aufgrund der vielen simultan stattfindenden Festivals herrscht absolute »madness«. Quartiere sollten dann unbedingt bereits im Voraus gebucht sein. Wer die Idylle liebt, sollte diese Zeit wohl eher meiden.

STROM

Für elektrische Geräte wird ein dreipoliger Steckadapter benötigt. Die Spannung beträgt 240 Volt.

TELEFON
VORWAHLEN
D, A, CH ▸ Großbritannien 00 44
Großbritannien ▸ D 00 49
Großbritannien ▸ A 00 43
Großbritannien ▸ CH 00 41
Edinburgh ▸ 01 31

Telefonzellen werden mit Kreditkarten, Münzen oder Telefonkarten gespeist, allerdings kann man sich aus dem Ausland auch zurückrufen lassen. Handynummern beginnen gewöhnlich mit 07, kostenlose Servicenummern mit 08 00, zum Ortstarif mit 08 45 und zum Landestarif mit 08 70. Teuer sind alle 09- und 08 91-Nummern. Die Vermittlung erreicht man kostenlos unter 1 00, die Auskunft unter 1 18 50 00.

TRINKGELD

In Pubs und Bars, wo man in aller Regel direkt am Tresen bestellt, ist kein Trinkgeld üblich. In Restaurants empfiehlt sich darauf zu achten, ob für die Rechnung das Trinkgeld in Form von »service charge included« bereits aufaddiert wurde. Wenn nicht, lässt man gewöhnlich etwa 10–15 % auf dem Rechnungsteller liegen. Gepäckträger in Hotels erwarten 1 £ pro Tasche.

TRINKWASSER

Nicht nur die Whiskyindustrie rühmt das schottische Wasser, auch beim Teetrinken merkt man schnell, wie weich und geschmackvoll das Wasser in Edinburgh und Schottland ist. Beim Essen wird in aller Regel Leitungswasser (»tab water«) gereicht, und auch sonst trinken die Schotten statt Mineralwasser lieber Wasser aus dem Hahn.

VERKEHR
AUTO

Der Linksverkehr ist gewöhnungsbedürftig. Ansonsten gestaltet sich das Autofahren in Edinburgh nicht als sonderlich schwer. Die Sehenswürdigkeiten, Straßen und Richtungsangaben sind gut ausgewiesen. Parkplätze und -häuser kosten in der Regel 1–3 £/Std. Die Geldbußen für Falschparken sind hoch und werden selbst in abgelegenen Stadtvierteln häufig verteilt.

FAHRRAD

Fahrradfahren ist nicht besonders populär. Es gibt kaum Stellplätze, geschweige denn Fahrradwege. Dafür wurden aber in den letzten Jahren einige recht schöne Wander- und Fahrradtrassen in den grünen Oasen

Mittelwerte	JAN	FEB	MÄR	APR	MAI	JUN	JUL	AUG	SEP	OKT	NOV	DEZ
Tagestemperatur	6	6	8	11	14	17	18	18	16	12	9	7
Nachttemperatur	1	1	2	4	6	9	11	11	9	7	4	2
Sonnenstunden	2	3	3	5	6	6	5	5	4	3	2	2
Regentage pro Monat	17	15	15	14	14	15	17	16	16	17	17	18
Wassertemperatur	6	6	5	6	8	11	13	13	12	11	9	8

der Stadt angelegt. Eine herrliche Fahrradstrecke führt z. B. nach South Queensferry, eine andere am Union Kanal entlang nach Linlithgow.

Fahrrad-Verleih
– Biketrax, 11 Lochrin Pl. • Bus: Tollcross • Tel. 2 28 66 33 • www.biketrax.co.uk • ab 16 £/Tag ▸ S. 116, B 2
– Edinburgh Cicle Hire, 29 Blackfriars St. • Bus: Victoria Street • Tel. 5 56 55 60 • www.cyclescotland.co.uk • ab 15 £/Tag ▸ S. 116, C 1

BUSSE

In fast jeden Winkel der Stadt fährt ein Bus. In Ermangelung von U- und S-Bahn brummen die meist doppelstöckigen Busse in großer Anzahl durch die Straßen. Das Busnetz kann dabei ziemlich verwirrend sein, da zwei Anbieter gleichzeitig unterwegs sind: First Busses und Lothian Busses. Praktisch alle Buslinien fahren entlang der Princess Street an verschiedenen Bushaltestellen ab.

Man muss passendes Kleingeld zur Hand haben, das man beim Einsteigen in eine Box wirft, die das Ticket ausstellt. Die Fahrer besitzen kein Wechselgeld. Eine einfache Fahrt bei Lothian Busses kostet 1,40 £, eine Tageskarte 3,50 £ (http://lothianbuses.com). Bei First Busses sind die Tarife verschieden (www.firstgroup.com/ukbus/scotland_east/). Auskünfte über Regional- und Stadtverkehr, Fahrpläne und Tarife erteilen die Tourist Informations und Traveline (www.travelinescotland.com).

BAHN

Das schottische Bahnnetz ist übersichtlich. Die Großstädte Edinburgh und Glasgow sind viertelstündlich miteinander verbunden. Auch Züge nach Stirling und in die Highlands verkehren mehrmals pro Tag. Fahrräder können nach Vorabreservierung umsonst mitgenommen werden.
Scotrail: Auskunft Tel. 08 45/7 48 49 50, Reservierungen Tel. 08 45/7 55 00 33 • www.firstgroup.com

TAXI

Die altmodischen Taxi-Limousinen findet man am Bahnhof Waverly Station oder vor größeren Hotels wie dem Caledonian Hilton. Das Taxifahren ist populär und recht erschwinglich. Der Kilometerpreis beträgt mehr als ein Pfund. Günstiger sind die »private hire«-Taxen. Hotels und Pensionen haben oft Sonderverträge und kennen die günstigen Alternativen in der Nähe.
– City Cabs: Tel. 2 28 12 11
– Radiocabs: Tel. 2 55 90 00

ZEITVERSCHIEBUNG

In Edinburgh gilt die Westeuropäische Zeit (MEZ -1 Std.).

ZOLL

Reisende aus Deutschland und Österreich dürfen Waren abgabenfrei mit nach Hause nehmen, wenn diese für den privaten Gebrauch bestimmt sind. Gewisse Richtmengen sollten aber nicht überschritten werden (z. B. 800 Zigaretten, 90 l Wein, 10 kg Kaffee). Weitere Infos unter www.zoll.de und www.bmf.gv.at/zoll.
Reisende aus der Schweiz dürfen Waren im Wert von 300 SFr abgabenfrei mit nach Hause nehmen, wenn diese für den privaten Gebrauch bestimmt sind. Tabakwaren und Alkohol fallen nicht unter diese Wertgrenze und bleiben in gewissen Mengen abgabefrei (z. B. 200 Zigaretten, 2 l Wein). Weitere Auskünfte unter www.zoll.ch.

Kartenatlas
Maßstab 1:20 500

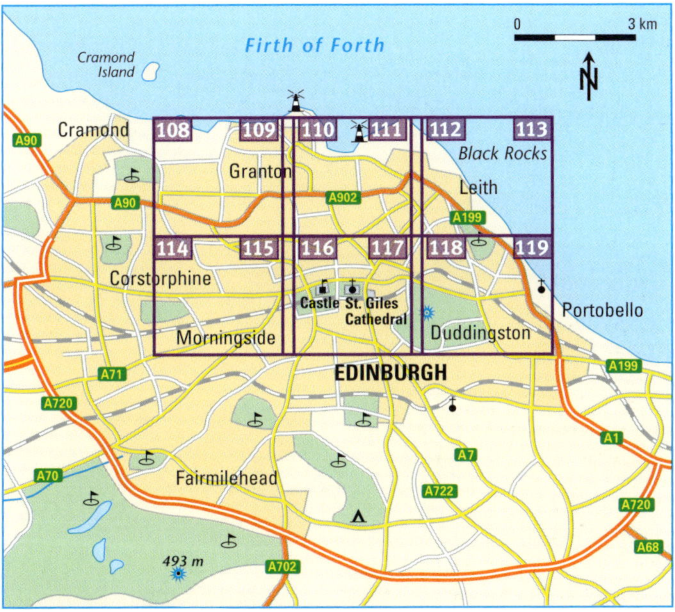

Legende

Spaziergänge

○─▶● Aufstieg auf den Arthur's Seat (S.78) Start: S.117, D17

○─▶● Von der New Town zum Water of Leith (S.80) Start: S.116, B17

Sehenswürdigkeiten

🔟 MERIAN-TopTen

🔟 MERIAN-Tipp

Sehenswürdigkeit, öffentl. Gebäude

Sehenswürdigkeiten ff.

✳ Sehenswürdigkeit Kultur

✳ Sehenswürdigkeit Natur

⛪ Kirche; Kloster

Kirchenruine

Burg

Burgruine

Moschee

🏛 Museum

⚖ Markt

ℹ Information

Verkehr

Autobahn

ABähnliche Str.

Fernverkehrsstraße

Hauptstraße

Nebenstraße

✈ Flughafen

⊕ Flugplatz

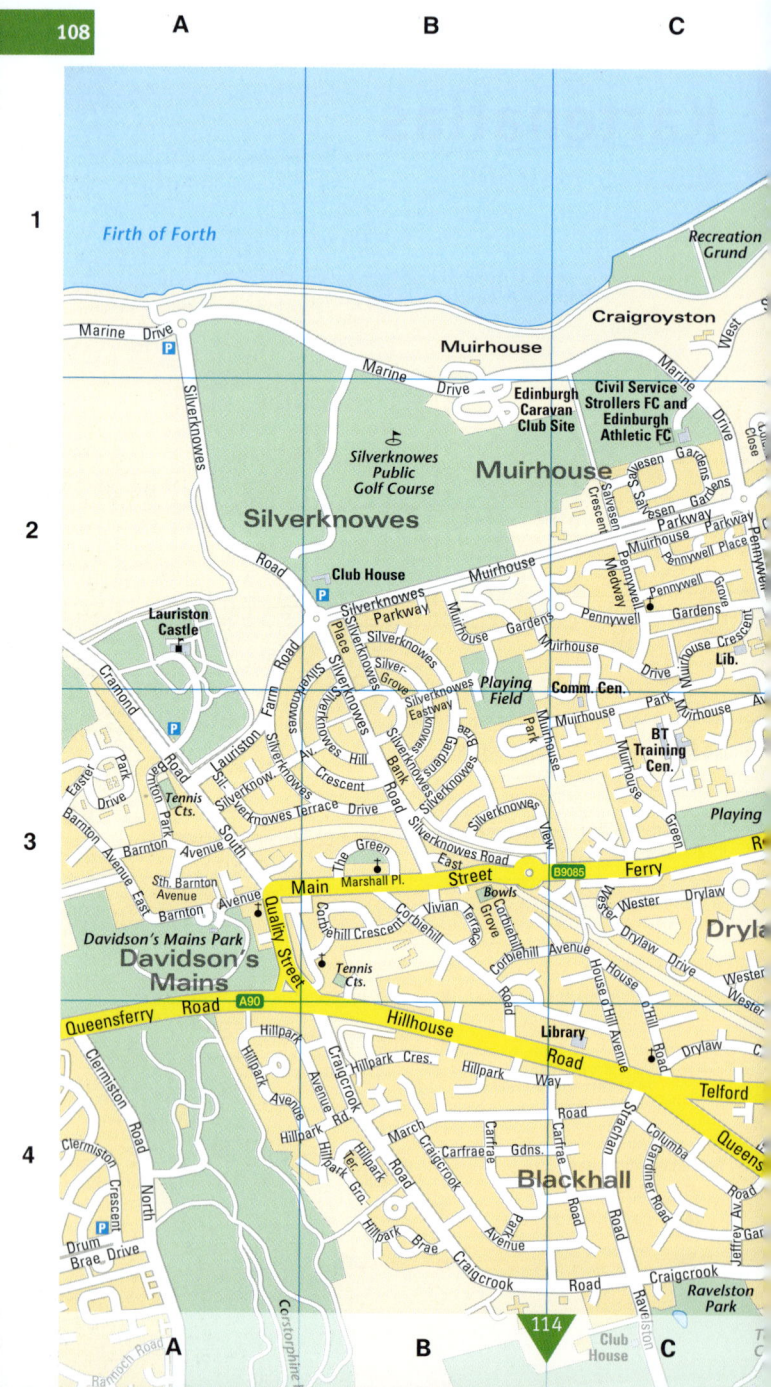

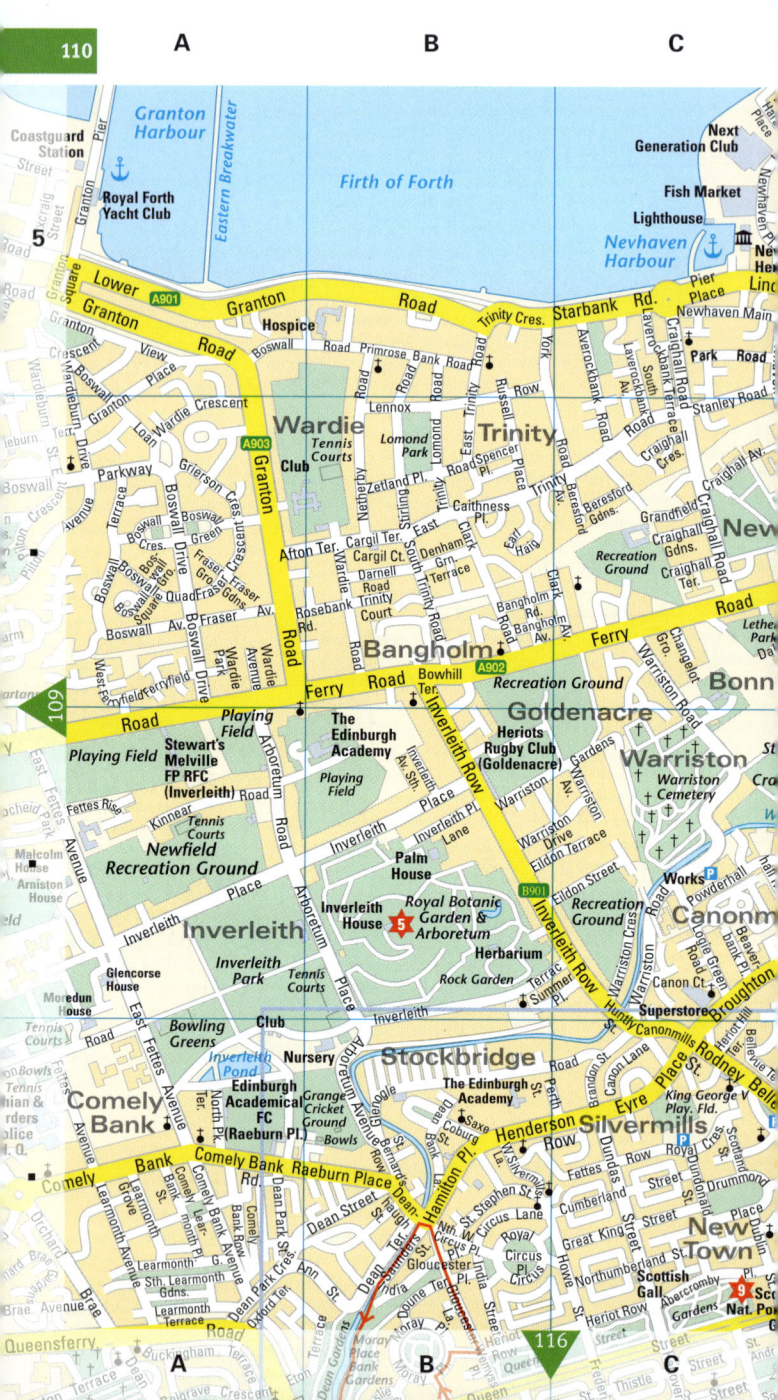

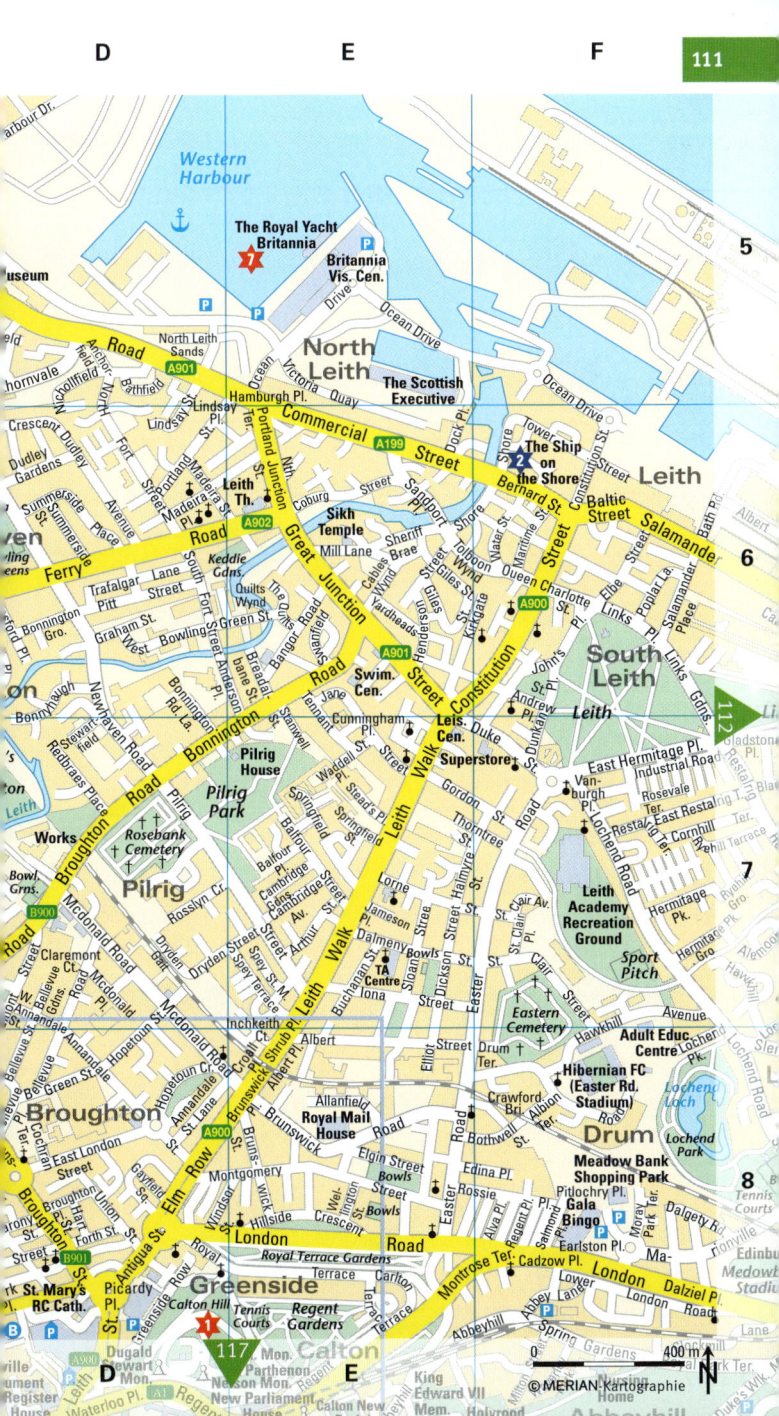

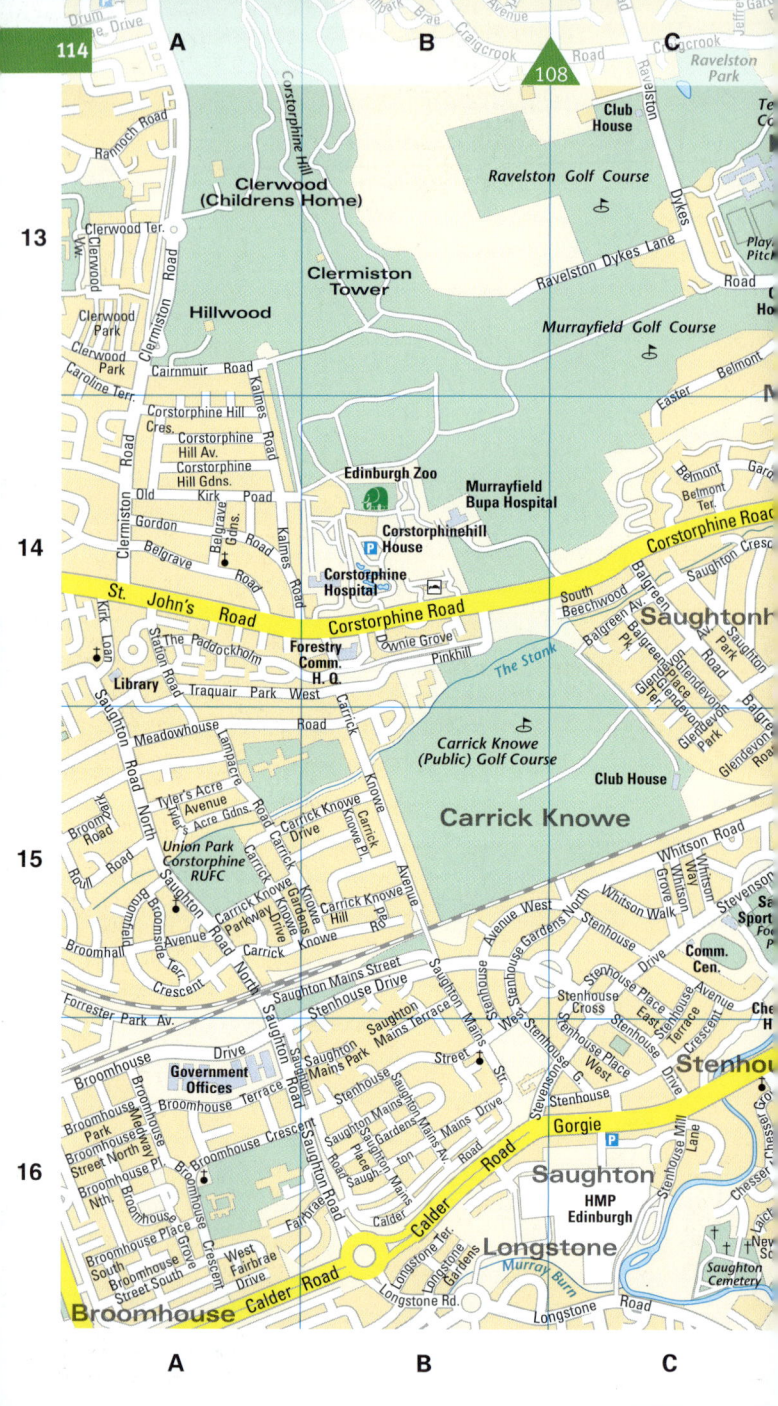

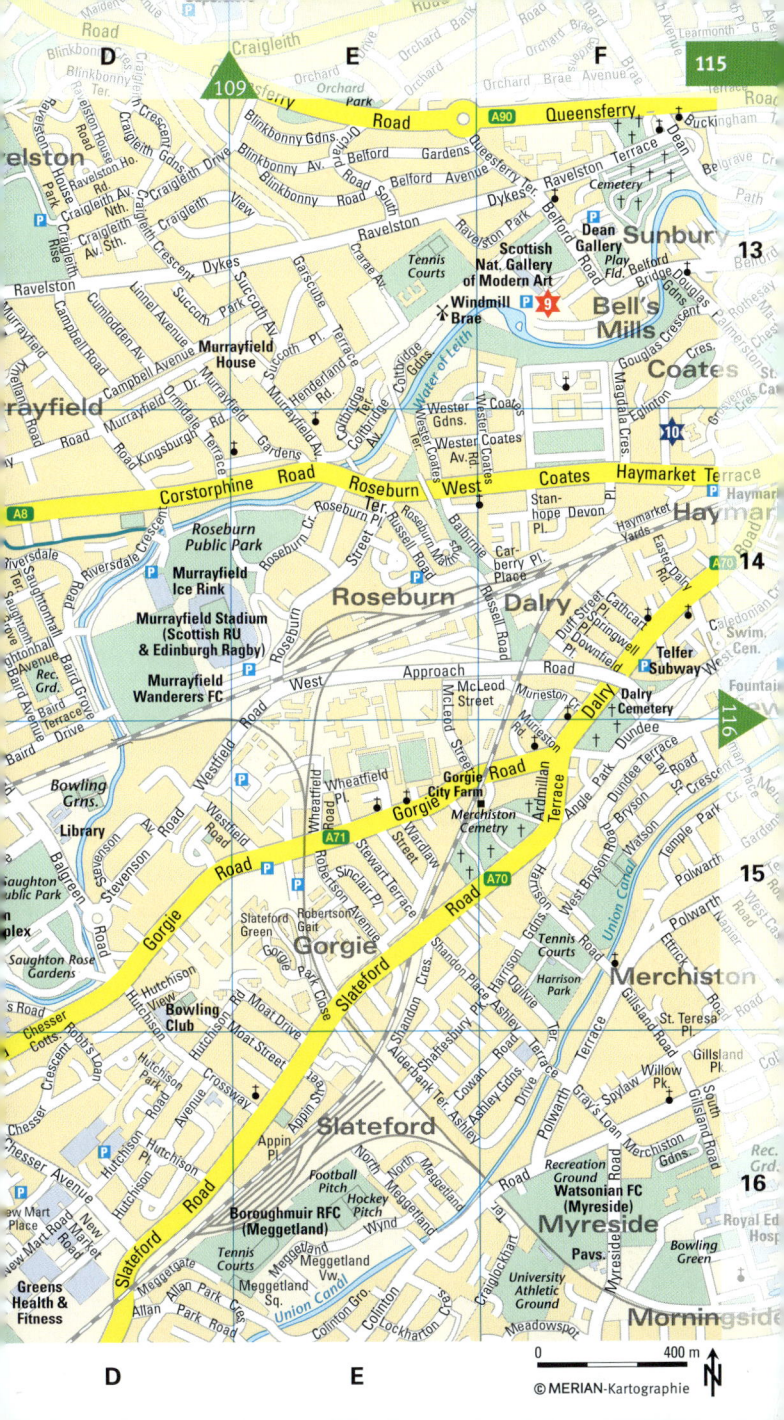

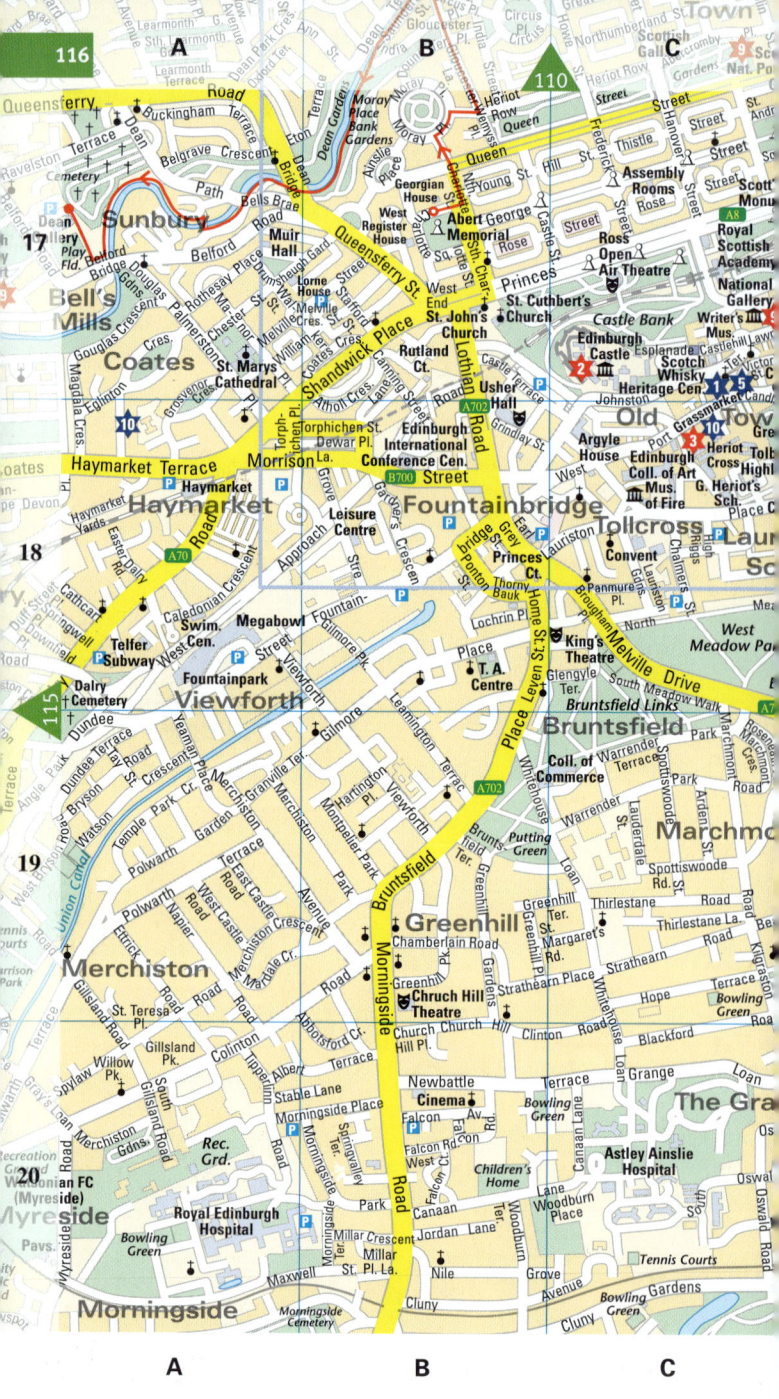

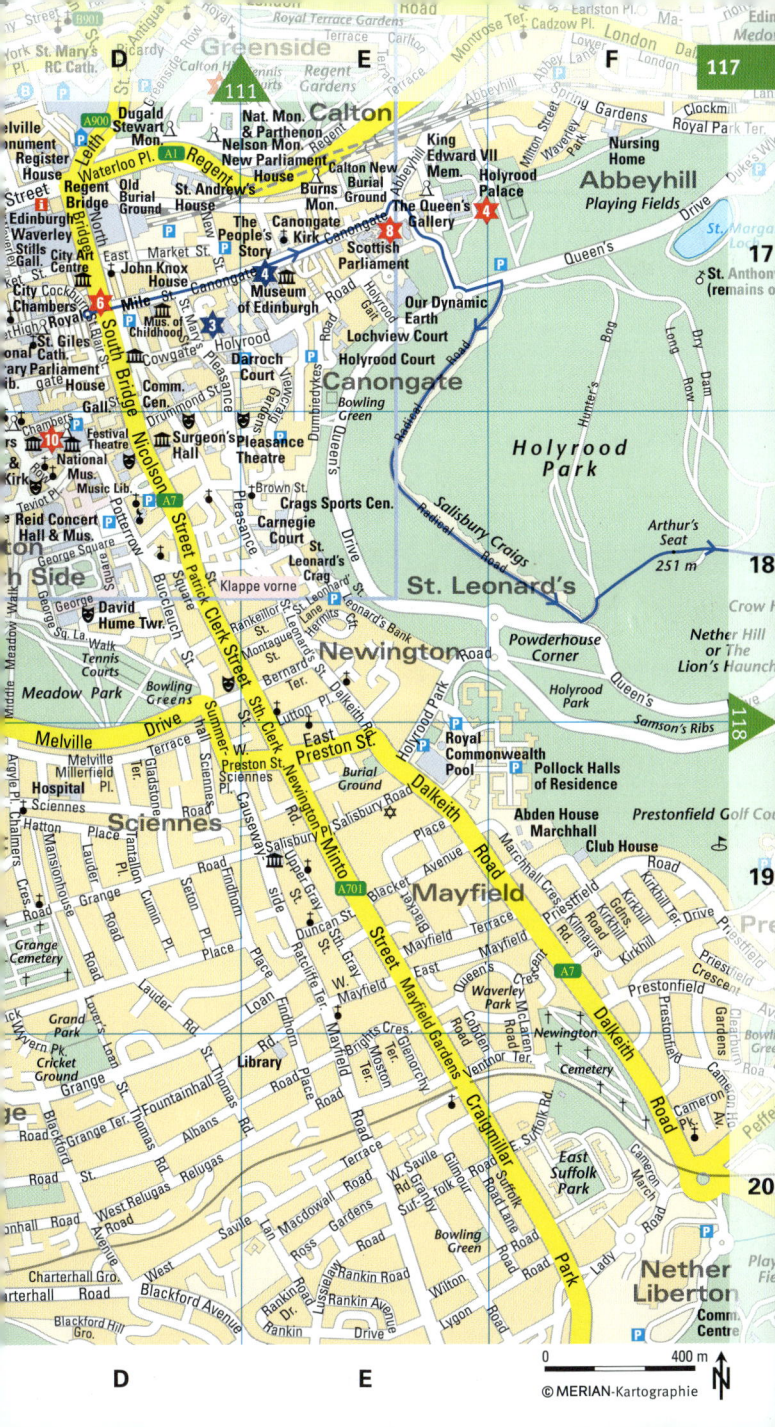

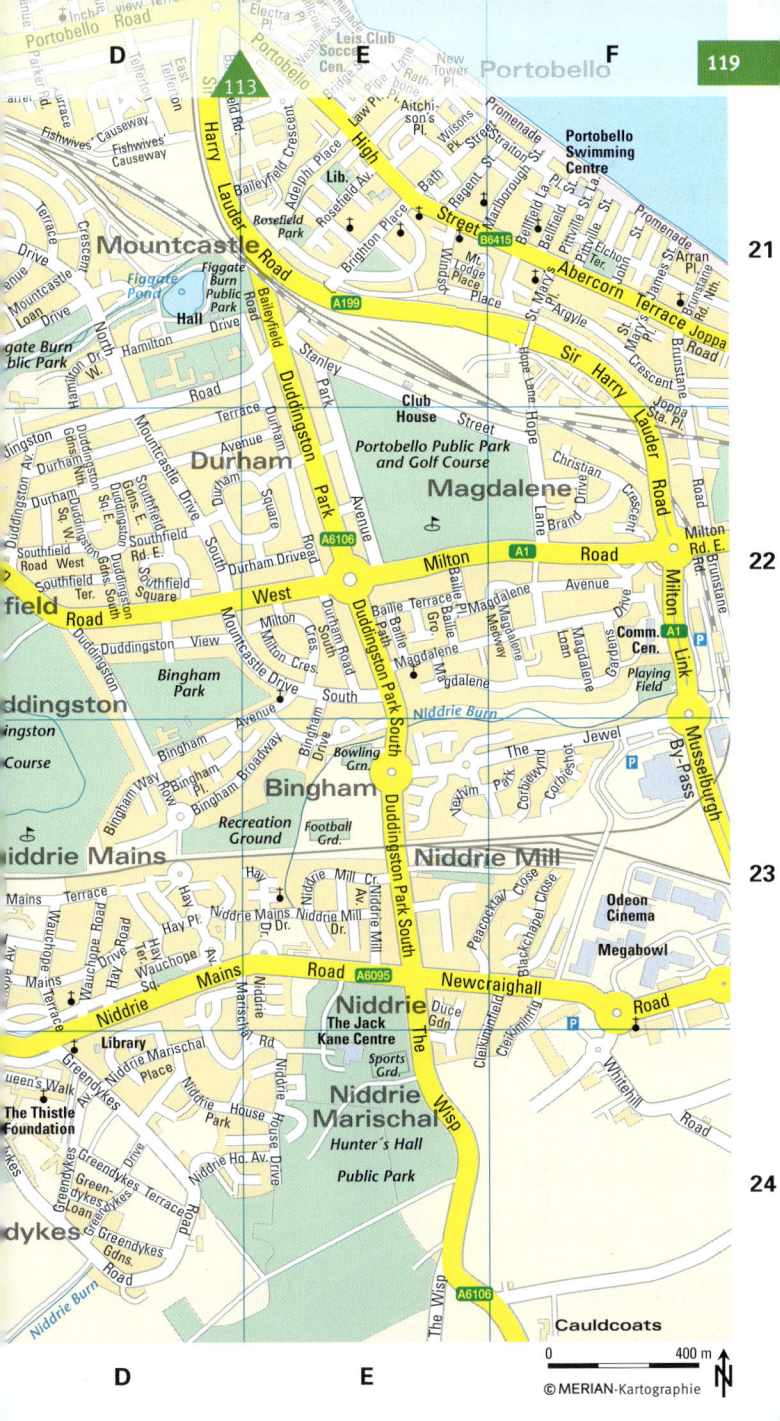

Kartenregister

Abbey Lane 111, F8
Abbeyhill 111, EF4, 117, E17
Abbotsford Crescent 116, A19-B20
Abercorn Crescent 118, B21
Abercorn Drive 118, B22
Abercorn Road 118, B22
Abercorn Terrace 119, F21
Abercromby Place 110, C8
Adelphi Place 119, E21
Afton Terrace 110, B6
Ainslie Place 116, B17
Aitchison's Place 119, E21
Albany Street 110, C8-111, D8
Albert Place 111, E8
Albert Road 112, AB10
Albert Street 111, E8
Albert Terrace 116, AB4
Albion Terrace 111, F8
Alderbank Terrace 115, E16
Alemoor Park 112, A11
Allan Park Crescent 115, DE16
Allan Park Road 115, D16
Allanfield 111, E8
Alva Place 111, F8
Anchorfield 111, D5
Anderson Place 111, DE6
Angle Park 115, F15
Ann Street 110, AB4
Annandale Street 111, D8
Annandale Street Lane 111, D8
Annfield 110, C5-111, D5
Antigua Street 111, D8
Appin Place 115, E16
Appin Street 115, E16
Arboretum Avenue 110, B8
Arboretum Road 110, AB7
Arden Street 116, C19
Ardmillan Terrace 115, F15
Argyle Crescent 119, F21
Argyle Place 117, D19
Arran Place 119, F221
Arthur Street 111, E7
Ashley Drive 115, EF16
Ashley Gardens 115, EF16
Ashley Terrace 115, F15-16
Atholl Crescent Lane 116, B17-18
Averockbank Road 110, C1-2

Baileyfield Crescent 119, DE21
Baileyfield Road 113, D12, 119, E21
Bailie Grove 119, E22
Bailie Path 119, E22
Bailie Place 119, E22
Bailie Terrace 119, E22
Baird Avenue 115, D14-15
Baird Drive 115, D14-15
Baird Grove 115, D14
Baird Terrace 115, D14
Balbirnie Place 115, EF14
Balfour Place 111, E7
Balfour Street 111, E7
Balgreen Avenue 114, C14
Balgreen Park 114, C14
Balgreen Road 114, C14-15, 115, D15
Baltic Street 111, F6
Bangholm Avenue 110, BC6
Bangholm Road 110, B6
Bangor Road 111, E6
Barnton Avenue 108, A3
Barnton Park 108, A3
Baronscourt Terrace 118, B22
Barony Street 111, D8
Bath Road 111, F6, 112, A10
Bath Street 119, E21
Bathfield 111, D5
Beaufort Road 116, C19, 117, D19
Beaverbank Place 110, C7

Beaverhall Road 110, C7
Belford Avenue 115, EF1
Belford Bridge 115, F13, 116, A17
Belford Gardens 115, E13
Belford Road 115, F13, 116, A17
Belgrave Crescent 115, F13, 116, A17
Belgrave Gardens 114, A14
Belgrave Road 114, A14
Bellevue 110, C8
Bellevue Gardens 111, D7
Bellevue Place 111, D8
Bellevue Road 111, D7-8
Bellevue Street 111, D7-8
Bellevue Terrace 110, C8
Bellfield Lane 119, F21
Bellfield Terrace 119, F21
Bells Brae 116, A17
Belmont Gardens 114, C14
Belmont Terrace 114, C14
Beresford Avenue 110, C6
Beresford Gardens 110, C6
Bernard Street 111, F6
Bernard Terrace 117, E18
Bingham Avenue 119, D23-C22
Bingham Broadway 119, DE23
Bingham Drive 119, E22-23
Bingham Place 119, D23
Bingham Way 119, D23
Blackchapel Close 119, E23
Blacket Avenue 117, E19
Blacket Place 117, E19
Blackford Avenue 117, D20
Blackford Hill Grove 117, D20
Blackford Road 116, C19-20
Blackie Road 112, A11
Blair Street 118, D17
Blinkbonny Avenue 115, E13
Blinkbonny Crescent 109, D4
Blinkbonny Gardens 115, E13
Blinkbonny Road 115, E13
Blinkbonny Terrace 109, D4
Bonnington Grove 111, D6
Bonnington Road 111, D7-E6
Bonnington Road Lane 111, D6-7
Bonnyhaugh 111, D6-7
Boothacre Lane 112, B11
Boswall Avenue 109, F2, 110, A6
Boswall Crescent 109, F2, 110, A6
Boswall Drive 109, F2, 110, A6
Boswall Green 110, A6
Boswall Grove 109, F2, 110, A6
Boswall Loan 109, F1-2, 110, A5-6
Boswall Parkway 109, E2, 110, A6
Boswall Quadrant 109, F2, 110, A6
Boswall Road 110, AB1
Boswall Square 109, F2, 110, A6
Boswall Terrace 109, F2, 110, A6
Bothwell Street 111, EF4
Bowhill Terrace 110, B6
Brand Drive 119, F22
Brandon Street 110, C8
Breadalbane Street 111, E6
Bridge Street 113, E12
Brighton Place 119, E21
Brights Crescent 117, E19-20
Britwell Crescent 112, C12
Broomfield Crescent 114, A15
Broomhall Avenue 114, A15
Broomhouse Crescent 114, AB4
Broomhouse Drive 114, A16
Broomhouse Grove 114, A16
Broomhouse Medway 114, A16
Broomhouse Park 114, A16
Broomhouse Place North 114, A16
Broomhouse Place South 114, A16
Broomhouse Street North 114, A16

Broomhouse Street South 114, A16
Broomhouse Terrace 114, A16
Broompark Road 114, A15
Broomside Terrace 114, A15
Brougham Place 116, C18, 111, D8
Broughton Road 110, C7-111, D7
Broughton Street 111, D8
Brown St. 117, E18
Brunstane Road 119, F21-22
Brunstane Road North 119, F21
Brunswick Place 111, E8
Brunswick Street 111, E8
Bruntsfield Place 116, B19
Bruntsfield Terrace 116, B19
Bryce Avenue 113, D12
Bryson Road 115, F15, 116, A19
Buccleuch Street 117, D18
Buchanan Street 111, E7
Buckingham Terrace 115, F13, 116, A17

Cables Wynd 111, E6
Cadzow Place 111, F8
Cairnmuir Road 114, A13
Caithness Place 110, B6
Calder Road 114, AB4
Caledonian Crescent 116, A18
Cambridge Avenue 111, E7
Cambridge Gardens 111, E7
Cameron Ho. Avenue 117, F20, 118, A24
Cameron March 117, F20, 118, A24
Cameron Park 117, F20, 118, A24
Cameron Toll Gardens 118, A24
Campbell Avenue 114, D13
Campbell Road 115, D13
Canaan Lane 116, BC4
Candlemaker Row 116, C17, 117, D18
Canning Street 116, B17-18
Canon Court 110, C7
Canon Lane 110, C8
Canongate 117, DE17
Canonmills 110, C8
Carberry Place 115, F14
Carfrae Gardens 108, B4
Carfrae Park 108, B4
Carfrae Road 108, C4
Cargil Ct. 110, B6
Cargil Terrace 110, B6
Carlton Terrace 111, E8
Caroline Park Avenue 109, D1-2
Caroline Park Grove 109, E1-2
Caroline Terrace 114, A13
Carrick Knowe Avenue 114, B14-15
Carrick Knowe Drive 114, AB15
Carrick Knowe Gardens 114, AB15
Carrick Knowe Hill 114, B15
Carrick Knowe Parkway 114, A15
Carrick Knowe Place 114, B15
Carrick Knowe Road 114, AB15
Carrington Crescent 109, E4
Carrington Road 109, F4
Carron Place 112, A10
Castle Street 116, BC17
Castle Terrace 116, BC17-18
Castlebrae Glebe 118, BC4
Castlehill 116, C17
Cathcart Place 115, F14, 116, A18
Causewayside 117, DE19
Chalmers Crescent 117, D19
Chalmers Street 116, C18
Chamberlain Road 116, B19
Chambers Street 117, D17-18
Changelot Grove 110, C6
Charlotte Square 116, B17
Charterhall Grove 117, D20
Charterhall Road 116, C20, 117, D20
Chesser Avenue 115, D16
Chesser Cottages 115, D15-16

Kartenregister 121

Chesser Crescent 115, D16
Chesser Grove 115, C16
Chesser Loan 114, C16
Chester Street 116, A17
Chestnut Street 109, F1
Christian Crescent 119, F21
Christiemiller Avenue 112, C12
Church Hill Clinton Road 116, BC20
Church Hill Place 116, B20
Circus Lane 110, B8
Circus Place 110, B8
Claremont Court 111, D7
Claremont Gardens 112, A11
Claremont Park 112, AB3
Claremont Road 112, A11
Clark Avenue 110, BC6
Clark Road 110, B6
Clearburn Gardens 117, F19-20, 118, A23-24
Clearburn Road 118, A24
Cleikiminfield 119, E24-F23
Cleikiminrig 119, F23-24
Clerk Street 117, D18
Clermiston Crescent 108, A4
Clermiston Road 114, A13-14
Clermiston Road North 108, A4
Clerwood Park 113, A9
Clerwood Terrace 114, A13
Clerwood View 114, A13
Clockmill Lane 117, F17, 118, A22
Cluny Avenue 116, BC20
Cluny Gardens 116, C20
Coates Crescent 116, B17
Cobden Road 117, E19-20
Coburg Street 111, D6
Cochran Terrace 111, D8
Cockburn Street 117, D17
Colinton Grove 115, E16
Colinton Road 115, EF16, 116, A20-B19
Colonsay Close 108, C2
Coltbridge Avenue 115, E13-14
Coltbridge Gardens 115, E13
Coltbridge Terrace 115, E13-14
Columba Road 108, C4
Comely Bank 109, F4, 110, A8
Comely Bank Avenue 110, A8
Comely Bank Road 110, A8
Comely Bank Row 110, A8
Comely Bank Street 109, F4, 110, A8
Commercial Street 111, E5
Connaught Place 110, C6-111, D6
Constitution Street 111, EF6
Corbiehill Avenue 108, BC3
Corbiehill Crescent 108, B3
Corbiehill Grove 108, B3
Corbiehill Road 108, B3-4
Corbieshot 119, F23
Corbiewynd 119, F23
Cornhill Terrace 111, F7, 112, A11
Corstorphine Hill Avenue 114, A14
Corstorphine Hill Crescent 114, A14
Corstorphine Hill Gardens 114, A14
Corstorphine Road 114, BC14, 115, DE14
Cowan Road 115, EF16
Cowgate 116, C17, 117, D17
Craigcrook Avenue 108, B4
Craigcrook Road 108, BC4, 109, D4
Craigentinny Avenue 112, C11-12
Craigentinny Avenue North 112, C11
Craigentinny Crescent 112, C12
Craigentinny Road 112, B12, 113, D12
Craighall Avenue 110, C6
Craighall Crescent 110, C6
Craighall Gardens 110, C6
Craighall Road 110, C5-6

Craighall Terrace 110, C6
Craigleith Avenue North 115, D13
Craigleith Avenue South 115, D13
Craigleith Crescent 109, D4, 115, D13
Craigleith Drive 115, D13
Craigleith Gardens 115, D13
Craigleith Hill Avenue 109, DE4
Craigleith Hill Crescent 109, E4
Craigleith Hill Gardens 109, E4
Craigleith Hill Park 109, E4
Craigleith Rise 115, D13
Craigleith Road 109, E4
Craigleith View 115, DE13
Craiglockhart Terrace 115, EF16
Craigmillar Castle Avenue 118, BC24
Craigmillar Castle Gardens 118, B24
Craigmillar Castle Loan 118, C24
Craigmillar Castle Road 118, C24
Craigmillar Park 117, EF20
Cramond Road South 108, A2-3
Crarae Avenue 115, E13
Crawford Bridge 111, F8
Crewe Bank 109, E2
Crewe Crescent 109, E2
Crewe Grove 109, E2
Crewe Place 109, E2
Crewe Road North 109, E3-F4
Crewe Road South 109, E3-F4
Crewe Road West 109, E2
Crewe Terrace 109, E2
Croall Place 111, E8
Cumberland Street 110, C8
Cumin Place 117, D19
Cumlodden Avenue 115, D13
Cunningham Place 111, E7

Dalgety Road 111, F8, 112, A12
Dalkeith Road 117, E18-F20, 118, A24
Dalmeny Road 110, C6
Dalmeny Street 111, E7
Dalry Road 115, F14, 116, A18
Dalziel Place 111, F8, 112, A12
Darnell Road 110, B6
Davidson Park 109, E3
Davidson Road 109, E3
Dean Bank Lane 110, B8
Dean Bridge 116, AB17
Dean Park Crescent 110, A8
Dean Park Street 110, A8
Dean Path 115, F13, 116, A17
Dean Street 110, B8
Dean Terrace 110, B8
Deanhaugh Street 110, B8
Denham Green Terrace 110, B6
Devon Place 115, F14
Dewar Place 116, B18
Dick Place 117, D19
Dock Place 111, E6
Douglas Gardens 115, F13, 116, A17
Downfield Place 115, F14
Downie Grove 114, B14
Drum Brae Drive 108, A4
Drum Terrace 111, F8
Drummond Place 110, C8
Drummond Street 117, D17-18
Drumsheugh Gardens 116, AB17
Dry Dam 117, F17, 118, A21
Dryden Gait 111, D7
Dryden Street 111, DE7
Drylaw Avenue 109, D4
Drylaw Crescent 108, C4
Dublin Street 110, C8
Duce Green 119, E23
Duddingston Avenue 119, D22
Duddingston Gardens North 119, D22
Duddingston Gardens South 119, D22

Duddingston Park 119, E21-20
Duddingston Park South 119, E22-23
Duddingston Road 118, C22, 119, D22
Duddingston Road West 118, C22-23
Duddingston Row 119, D22-23
Duddingston Square East 119, D22
Duddingston Square West 119, D22
Duddingston View 119, D22
Dudley Avenue 111, D6
Dudley Crescent 110, C6-111, D6
Dudley Gardens 111, D6
Duff Street 115, F14
Duke Street 111, F7
Duke's Walk 118, A221
Dumbiedykes Road 117, E17-18
Duncan Street 117, E19
Dundas Street 110, C8
Dundee Street 115, F15, 116, A18-19
Dundee Terrace 115, F15
Dundonald Street 14, C4
Dunkan Place 111, F6-7
Durham Avenue 119, DE22
Durham Drive 119, DE22
Durham Road 119, E22
Durham Road South 119, E22
Durham Square 119, DE22
Durham Terrace 119, DE22

E. Suffolk Road 117, F20
E. Werberside 109, EF3
Earl Grey Street 116, A18
Earl Haig 110, B6
Earlston Place 111, F8
East Barnton Avenue 108, A3
East Castle Road 116, A19
East Fettes Avenue 109, F3-4, 110, A7-8
East Hermitage Place 111, F7, 112, A11
East London Street 111, D8
East Market Street 117, D17
East Mayfield 117, EF19
East Pilton Farm Avenue 109, F2
East Preston Street 117, E19
East Restalrig Terrace 111, F7, 112, A11
East Telferton 113, D12
East Trinity Road 110, B5-6
East-Claremont Street 110, C8-111, D7
Easter Belmont Road 114, C13-14
Easter Dalry Road 115, F14, 116, A18
Easter Drylaw Avenue 109, D3
Easter Drylaw Bank 109, D3
Easter Drylaw Drive 109, D3
Easter Drylaw Gardens 109, D3
Easter Drylaw Place 109, D3
Easter Drylaw View 109, D3
Easter Park Drive 108, A3
Easter Road 111, E8-F7
Edina Place 111, EF8
Eglinton Crescent 115, F13-14, 116, A17-18
Eildon Street 110, C7
Eildon Terrace 110, BC7
Elbe Street 111, F6
Elcho Terrace 119, F21
Electra Place 113, E4
Elgin Street 111, E8
Ellersly Road 115, D14
Elliot Dickson Street 111, E7-8
Elm Row 111, D8
Esplanade 116, C17
Eton Terrace 116, AB17
Ettrick Road 115, F15, 116, A19
Eyre Place 110, C8

Fairbrae 114, AB4
Falcon Avenue 116, B20
Falcon Court 116, B20
Falcon Road 116, B20
Falcon Road West 116, B20
Farrer Terrace 119, D221
Ferry Road 108, C3, 111, D6
Ferry Road Avenue 109, D3
Ferry Road Drive 109, D2-3
Ferryfield 109, F2, 110, A6
Fettes Avenue 109, F4, 110, A8
Fettes Rise 109, F3, 110, A7
Fettes Row 110, C8
Fillyside Avenue 112, C12, 113, D12
Fillyside Road 112, C11
Fillyside Terrace 112, C11-12
Findhorn Place 117, D19-E20
Findlay Avenue 112, B11-12
Findlay Cottages 112, B11
Findlay Gardens 112, A11
Findlay Grove 112, B11
Findlay Medway 112, B11
Fishwives' Causeway 119, D21
Ford's Road 114, C15, 115, D15
Forrester Park Avenue 114, A15-16
Forth Street 111, D8
Forthview Road 109, D4
Forthview Terrace 108, C4
Fountainbridge 116, B18
Fountainhall Road 117, DE4
Fraser Avenue 110, A6
Fraser Crescent 110, A6
Fraser Gardens 110, A6
Fraser Grove 110, A6
Frederick Street 116, C17

Gardiner Road 108, C4
Gardner's Crescent 116, B18
Garscube Terrace 115, E13
Gayfield Square 111, D8
George Square 117, D18
George Square Lane 117, D18
George Street 116, BC17
Giles Street 111, E6
Gillsland Park 115, F16, 116, A20
Gillsland Road 115, F15-16
Gilmore Park 116, B18
Gilmore Place 116, B18-19
Gilmour Road 117, EF20
Glengyle Terrace 116, C18
Glendevon Avenue 114, C14
Glendevon Park 114, C15
Glendevon Place 114, C14
Glendevon Road 114, C15
Glendevon Terrace 114, C14
Glenochy Terrace 117, EF20
Gloucester Lane 110, B8
Gloucester Place 110, B8
Goff Avenue 113, D12
Gordon Road 114, A14
Gordon Street 111, EF11
Gorgie Park Close 115, E15
Gorgie Road 114, C16, 115, D16-F15
Gosford Place 111, D6
Douglas Crescent 115, F13, 116, A17
Graham Street 111, D6
Granby Road 117, EF4
Grandfield 110, C6
Grange Loan 116, C20, 117, D20-E19
Grange Road 117, D19
Grange Terrace 117, D20
Granton Crescent 109, EF1, 110, A5
Granton Mains Avenue 109, D2
Granton Medway 109, EF1
Granton Mill Drive 109, D2

Granton Mill March 108, C2, 109, D2
Granton Mill Park 108, C2, 109, D2
Granton Pier 109, F1, 110, A5
Granton Place 109, F1-2, 110, A5-2
Granton Road 109, F1, 110, A5-2
Granton Square 109, F1
Granton View 109, F1
Granville Terrace 116, AB19
Grassmarket 116, C17-18
Gray's Loan 115, F16
Great Junction Street 111, E6
Great King Street 110, C8
Green Street 111, DE6, 111, D8
Greendykes Avenue 119, D24
Greendykes Drive 119, D24
Greendykes Gardens 119, D24
Greendykes Loan 119, D24
Greendykes Road 119, D24
Greendykes Terrace 119, D24
Greenhill Gardens 116, B19
Greenhill Park 116, B19
Greenhill Place 116, B19
Greenhill Terrace 116, BC19
Greenside Row 111, D8
Grierson Crescent 110, A6
Grindlay Street 116, B18
Groathill Avenue 109, D4
Groathill Loan 109, D3-4
Groathill Road North 109, D3-4
Groathill Road South 109, D4
Grosvenor Crescent 116, A17-18
Grove Street 116, B18

Halmyre Street 111, E7
Hamburgh Place 111, E5
Hamilton Drive 119, D21
Hamilton Drive West 119, D21
Hamilton Place 110, B8
Hanover Street 116, C17
Harewood Drive 118, C23
Harewood Road 118, C23
Harrison Gardens 115, F15
Harrison Road 115, F15
Hart Street 111, D8
Hartington Place 116, B19
Hatton Place 117, D19
Hawkhill 112, A11
Hawkhill Avenue 111, F7-8, 112, A11
Hawthornvale 110, C5-111, D5
Hay Avenue 119, D23
Hay Drive 119, E23
Hay Place 119, D23
Hay Road 119, D23
Hay Terrace 119, D23
Haymarket Terrace 115, F14, 116, A18
Haymarket Yards 115, F14, 116, A18
Henderland Road 115, E13
Henderson Row 110, BC4
Henderson Street 111, E6
Heriot Hill Terrace 110, C8
Heriot Row 110, C8, 116, B17
Hermitage Park 111, F7, 112, A11
Hermitage Park Grove 111, F7, 112, A11
Hermits Croft 117, E18
High Riggs 117, C18
High Street 117, D17
Hill Street 116, BC17
Hillcoat Place 113, E4
Hillhouse Road 108, BC4
Hillpark Avenue 108, AB4
Hillpark Brae 108, B4
Hillpark Crescent 108, B4
Hillpark Grove 108, B4
Hillpark Road 108, AB4
Hillpark Terrace 108, B4
Hillpark Way 108, BC4
Hillside Crescent 111, E8

Holyrood Gait 117, E17
Holyrood Park Road 117, E18-19
Holyrood Road 117, DE17
Home Street 116, B18
Hope Lane 119, F21-22
Hope Terrace 116, C19
Hopetoun Crescent 111, D8
Hopetoun Street 111, D7-8
House o'Hill Avenue 108, C3-4
House o'Hill Road 108, C3-4
Howe Street 110, C8
Hunter's Bog 117, F17-18
Huntly Street 110, C7-8
Hutchison Avenue 115, D16
Hutchison Crossway 115, D15-4
Hutchison Park 115, D16
Hutchison Place 115, D16
Hutchison Road 115, D16-C15
Hutchison View 115, D15

Inchkeith Court 111, E7-8
Inchview Terrace 113, D12
India Place 110, B8
India Street 110, B8
Industrial Road 111, F7, 112, A11
Inverleith Avenue South 110, B7
Inverleith Place 109, F3, 110, A7
Inverleith Place Lane 110, B7
Inverleith Row 110, B6-C7
Inverleith Terrace 110, B8-C7
Iona Street 111, E7

James Street 119, F21
Jameson Place 111, E7
Jane Street 111, E6-7
Jeffrey Avenue 108, C4
Jocks Lodge 118, B12
John Street 119, F21
John's Place 111, F6
Johnston Terrace 116, C17-18
Joppa Road 119, F21
Joppa Sta. Place 119, F21-22
Jordan Lane 116, B20

Kalmes Road 114, A13-14
Kekewich Avenue 113, D12
Kilgraston Road 116, C19-20
Kilmaurs Road 117, F19
Kinellan Road 115, D13-14
King's Meadow 118, A23
King's Place 111, E12
King's Road 113, E12
King's Terrace 113, D12
Kings Haugh 118, B23
Kingsburgh Road 115, D14
Kinnear Road 109, F3, 110, A7
Kirk Loan 114, A14
Kirkgate 111, EF6
Kirkhill Drive 117, F19, 118, A23
Kirkhill Gardens 117, F19
Kirkhill Road 117, F19
Kirkhill Terrace 117, F19, 118, A23

Lady Nairne Crescent 118, BC22
Lady Nairne Loan 118, C22
Lady Road 117, F20, 118, A24
Laichpark Road 114, C16
Lampacre Road 114, A15
Lan Road 117, E20
Lane 116, B18
Lauder Road 117, D19
Lauderdale Street 116, C19
Lauriston Farm Road 108, A2-3
Lauriston Gardens 116, C18
Lauriston Place 116, BC2
Laverockbank Terrace 110, C5-6
Law Place 119, E21
Lawnmarket 117, C17
Leamington Terrace 116, B18-19
Learmonth Avenue 109, F4, 110, A8
Learmonth Gardens 109, F4, 110, A8

Kartenregister 123

Learmonth Grove 109, F4, 110, A8
Learmonth Place 110, A8
Learmonth Terrace 109, F4, 110, A8
Leith Street 117, D17
Leith Walk 111, E7
Lennox Row 110, B5-6
Leven Street 116, B18
Lilyhill Terrace 118, B21
Lindsay Place 111, D5-6
Lindsay Road 110, C5-111, D5
Lindsay Street 111, D5-6
Links Gardens 111, F6, 112, A10
Links Place 111, F6
Linnel Avenue 114, D13
Loaning Crescent 112, B12
Loaning Road 112, B12
Loched Drive 112, AB12
Lochen Avenue 112, A11-12
Lochend Crescent 112, B12
Lochend Gardens 112, A12
Lochend Park 111, F8, 112, A12
Lochend Quadrant 112, AB4
Lochend Road 111, F7, 112, A11-12
Lochrin Place 116, B18
Lockharton Crescent 115, E16
Loganlea Avenue 112, BC12
Loganlea Drive 112, BC12
Loganlea Place 112, BC12
Loganlea Road 112, C12
Loganlea Terrace 112, C12
Logie Green Road 110, C7
Lomond Road 110, B5-6
London Road 111, EF8, 112, A12
London Street 110, C8-111, D8
Long Craig Rigg 109, D1
Long Craig Road 109, D1
Long Row 117, F17, 118, A21
Longstone Gardens 114, B16
Longstone Road 114, BC16
Longstone Terrace 114, B16
Lorne Street 111, E7
Lover's Loan 117, D19-20
Lower Granton Road 109, F1, 110, A5
Lower London Road 111, F8, 112, A12
Lussielaw Road 117, E20
Lutton Place 117, E18
Lygon Road 117, EF4

Macdowall Road 117, E20
Madeira Place 111, D6
Madeira Street 111, D6
Magdala Crescent 115, F13-14, 116, A17-18
Magdalene Avenue 119, EF22
Magdalene Drive 119, EF22
Magdalene Gardens 119, EF22
Magdalene Loan 119, F22
Magdalene Medway 119, F22
Maidencraig Crescent 109, D4
Main Street 108, AB3
Manor Place 116, A17
Mansfield Place 111, D8
Mansionhouse Road 117, D19
March Road 108, BC4
Marchhall Crescent 117, F19
Marchmont Crescent 116, C19
Marchmont Road 116, C19
Mardale Crescent 116, A19
Marine Drive 108, A1-C2
Marine Esplanade 112, B10
Marionville Crescent 112, AB12
Marionville Drive 112, B12
Marionville Park 112, A12
Marionville Road 112, AB12
Maritime Street 111, F6
Market Street 116, C17, 117, D17
Marlborough Street 119, F21
Marshall Place 108, B3
Maxwell Street 116, AB20

Mayfield Gardens 117, E19
Mayfield Road 117, E20
Mayfield Terrace 117, EF19
Mcdonald Place 111, D7
Mcdonald Road 111, D7-8
McLaren Road 117, F19-20
McLeod Street 115, EF14-15
Meadowbank 118, A21
Meadowbank Avenue 118, C22
Meadowbank Drive 118, B21-22
Meadowbank Terrace 118, BC22
Meadowhouse Road 114, AB15
Meadowspot 115, F16
Meggetgate 115, D16
Meggetland Square 115, E16
Meggetland View 115, E16
Meggetland Wynd 115, E16
Melville Crescent 116, AB17
Melville Drive 116, C18, 117, D18-19
Melville Street 116, AB17
Melville Terrace 117, D19
Merchiston Avenue 116, AB19
Merchiston Crescent 116, AB3
Merchiston Gardens 115, F16, 116, A20
Merchiston Park 116, AB19
Middle Meadow Walk 117, D18
Mill Lane 111, E6
Millar Crescent 116, B20
Millar Place Lane 116, B20
Millerfield Place 117, D19
Milton Crescent 119, E22
Milton Link 119, F22
Milton Road East 119, F22
Milton Road West 118, C22, 119, DE22
Milton Street 117, F17
Minto Street 117, E19
Moat Drive 115, E15-16
Moat Street 115, D15-E16
Moira Terrace 112, C12
Montague Street 117, E18
Montgomery Street 111, DE8
Montpelier Park 116, B19
Montrose Terrace 111, EF8
Moray Park Terrace 111, F8, 112, A12
Moray Place 110, B8, 116, B17
Morningside Park 116, B20
Morningside Place 116, AB4
Morningside Road 116, B19-20
Morningside Terrace 116, B20
Morrison Street 116, AB18
Mortonhall Road 116, C20, 117, D20
Moston Terrace 117, E20
Mountcastle Crescent 118, C21, 119, D21
Mountcastle Drive North 118, C21, 119, D21
Mountcastle Drive South 119, DE22
Mountcastle Green 118, C21
Mountcastle Loan 119, D21
Mountcastle Terrace 118, C21, 119, D21
Mt. Lodge Place 119, E21
Muirhouse Avenue 108, C2-3
Muirhouse Crescent 108, C2
Muirhouse Drive 108, BC2
Muirhouse Gardens 108, BC2
Muirhouse Green 108, C3
Muirhouse Park 108, BC3
Muirhouse Parkway 108, BC2
Murieston Crescent 115, F14
Murieston Road 115, F14-15
Murrayfield Avenue 115, E13-14
Murrayfield Drive 115, D13-14
Murrayfield Gardens 115, D13-E14
Murrayfield Road 115, D13-14
Musselburgh By-Pass 119, F23
Myreside Road 115, F16, 116, A20

Nantwich Drive 112, C11, 113, D12
Napier Road 116, A19
Netherby Road 110, B5-6
New Market Road 115, D16
New Mart Place 115, D16
New Mart Road 115, D16
New Mart Square 114, C16
New Street 117, D17
New Tower Place 113, E12
Newbattle Terrace 116, BC20
Newcraighall Road 119, EF23
Newhaven Main Street 110, C5
Newhaven Place 110, C5
Newhaven Road 110, C5-111, D7
Newington Road 117, E19
Nichollfield 111, D5-6
Nicolson Street 117, D18
Niddrie Ho. Avenue 119, DE24
Niddrie House Drive 119, E24
Niddrie House Park 119, DE24
Niddrie Mains Drive 118, C23, 119, D23
Niddrie Mains Road 118, C23-24, 119, DE23
Niddrie Mains Terrace 118, C23, 119, D23
Niddrie Marischal Place 119, D24
Niddrie Marischal Road 119, D23-C24
Niddrie Mill Avenue 119, E23
Niddrie Mill Crescent 119, E23
Niddrie Mill Drive 119, E23
Nile Grove 116, BC24
Nord Werber Place 109, F
North Bridge 117, D17
North Cairntow 118, C22
North Charlotte Street 116, B17
North Fort Street 111, D5-6
North Junction Street 111, E6
North Leith Sands 111, D5
North Meadow Walk 116, C18
North Meggetland 115, E16
North Park Terrace 110, A8
North W. Circus Place 110, B8
North Werber Park 109, EF3
Northfield Avenue 118, C21
Northfield Broadway 118, C21
Northfield Crescent 118, C21
Northfield Drive 118, C21, 119, D21
Northfield Farm Avenue 118, C21, 119, D21
Northfield Farm Road 118, C21
Northfield Park 118, C21
Northfield Road 118, BC21
Northumberland Street 110, C8

Ocean Drive 111, E5-F6
Ogilvie Terrace 115, F15-16
Old Church Lane 118, B22
Old Dalkeith Road 118, AB24
Old Kirk Road 114, A14
Orchard Bank 109, E4
Orchard Brae 109, F4, 110, A8
Orchard Brae Avenue 109, F4
Orchard Brae Gardens 109, F4
Orchard Drive 109, E4
Orchard Road 109, F4
Orchard Road South 115, E13
Ormidale Terrace 115, D13-14
Oswald Road 116, C20, 117, D20
Queen Charlotte Street 111, F6
Oxcraig Street 109, F1
Oxford Terrace 110, A8

Paisley Avenue 118, C21-22
Paisley Crescent 118, B21
Paisley Drive 118, C21-22
Paisley Gardens 118, B21
Paisley Grove 118, B21
Paisley Terrace 118, B21
Palmerston Place 116, A17-18
Panmure Place 116, C18

124 REGISTER

Park Avenue 119, E21-22
Park Road 110, C5
Parker Road 113, D12
Peacocktail Close 119, EF23
Peffer Place 118, C23
Peffermill Road 118, AB24
Pennywell Gardens 108, C2
Pennywell Grove 108, C2
Pennywell Medway 108, C2
Pennywell Place 108, C2
Pennywell Road 108, BC2, 109, D3
Perth Street 110, BC8
Picardy Place 111, D8
Pier Place 110, C5
Piersf Terrace 112, BC4
Piershill Terrace 118, B21
Pilrig Street 111, DE7
Pilton Avenue 109, EF2
Pilton Crescent 109, F2
Pilton Drive 109, E2-F3
Pilton Drive North 109, E1-2
Pilton Gardens 109, F2
Pilton Park 109, F2
Pilton Place 109, E2
Pinkhill 114, B14
Pipe Lane 113, E12
Pirniefield Bank 112, B11
Pirniefield Place 112, B11
Pitlochry Place 111, F8
Pitt Street 111, D6
Pittville St. Lane 119, F221
Pittville Street 119, F21
Place 111, F6, 112, A10
Pleasance 117, D17-E18
Polwarth Gardens 115, F15, 116, A19
Polwarth Terrace 115, F15-4, 116, A19
Ponton Street 116, B18
Poplar Lane 111, F6, 112, F10
Porterfield Road 109, E3
Portland Street 111, D6
Portland Terrace 111, E6
Portobello High Street 113, E12, 119, E21
Portobello Road 113, D12, 118, B23
Potterrow 117, D18
Powderhall Road 110, C7-111, D7
Prestonfield Avenue 117, F19, 118, A23
Prestonfield Road 117, F19-20, 118, A23-24
Priestfield Avenue 118, A23
Priestfield Crescent 117, F19, 118, A23
Priestfield Road 117, F19, 118, A23
Primrose Bank Road 110, B5
Princes Street 116, BC17, 117, D17
Promenade 113, D11-12, 119, F21
Promenade Terrace 113, E12
Prospect Bank 112, B11
Prospect Bank Road 112, AB11
Qeens Park Avenue 118, AB21

Quality Street 108, A3
Queen Street 116, BC17
Queen's Avenue 108, C4, 109, D4
Queen's Crescent 117, EF19
Queen's Drive 117, E18
Queen's Drive 117, E18, 117, F17-18, 118, A21-22, 118, A22-B21
Queen's Road 109, D4
Queen's Walk 119, D24
Queensferry Road 108, A3-4, 108, C4, 115, F13
Queensferry Street 116, BC17
Queesferry Terrace 115, F13
Quilts Wynd 111, E6

Radical Road 117, E17-18
Raeburn Place 110, AB4
Rankeillor Street 117, DE18

Rankin Avenue 117, E20
Rankin Drive 117, E20
Rankin Road 117, E20
Rannoch Road 114, A13
Ratcliffe Terrace 117, E19
Rathbone Place 113, E16
Ravelston Dykes 115, DF13
Ravelston Dykes Lane 114, BC13
Ravelston Dykes Road 108, C4, 114, C13
Ravelston Ho. Road 115, D13
Ravelston House Park 115, D13
Ravelston House Road 109, D4, 115, D13
Ravelston Park 115, E13-14
Ravelston Terrace 115, F13, 116, A17
Redbraes Place 111, D7
Regent Place 111, F8
Regent Road 117, DE17
Regent Street 119, E21-22
Regent Terrace 111, E8, 117, E17
Relugas Road 117, DE20
Restalrig Avenue 112, BC12
Restalrig Circus 112, AB11
Restalrig Crescent 112, A11
Restalrig Drive 112, B12
Restalrig Gardens 112, B12
Restalrig Park 112, A11-12
Restalrig Road 112, A11-B12
Restalrig Road South 112, B12
Restalrig Square 112, A11
Restalrig Terrace 111, F7, 112, A11
Riversdale Crescent 113, D14
Riversdale Crescent 115, D14
Robb's Loan 115, D16
Robertson Avenue 115, E15
Robertson Gait 115, E15
Rocheid Park 109, F3
Rodney Street 110, C8
Rose Street 116, BC17
Rosebank Road 110, AB2
Roseburn Crescent 115, E14
Roseburn Maltings 115, E14
Roseburn Place 115, E14
Roseburn Street 115, E14
Roseburn Terrace 115, E14
Rosefield Avenue 119, E21
Roseneath Place 116, C19
Rosevale Terrace 111, F7, 112, A10
Ross Gardens 117, E20
Rossie Place 111, EF8
Rosslyn Crescent 111, DE7
Rothesay Place 116, A17
Roull Road 114, A15
Royal Circus 110, B8
Royal Crescent 110, C8
Royal Park Terrace 117, F17, 118, A21
Royal Terrace 111, DE8
Royston M. Avenue 109, E2
Royston Mains Crescent 109, E2
Royston Mains Road 109, E2
Royston Mains Street 109, E2
Russell Place 110, B5-6
Russell Road 115, EF14
Ryehill Grove 112, A11
Ryehill Terrace 111, F7, 112, A11

Salamander Place 112, A10
Salamander Street 112, AB10
Salisbury Place 117, E19
Salisbury Road 117, E19
Salmond Place 111, F8
Salvesen Crescent 108, C1
Salvesen Gardens 108, C2
Sandport Place 111, E6
Saughton Crescent 114, C14
Saughton Mains Avenue 114, B16
Saughton Mains Drive 114, B16
Saughton Mains Gardens 114, B16
Saughton Mains Park 114, B16
Saughton Mains Place 114, B16

Saughton Mains Street 114, A15-B16
Saughton Mains Terrace 114, B15-16
Saughton Park 114, C14
Saughton Road 114, A15-B16
Saughton Road North 114, A14-15
Saughtonhall Avenue 115, D14
Saughtonhall Drive 114, C14-15
Saughtonhall Gardens 115, D14
Saughtonhall Grove 115, D14
Saughtonhall Terrace 115, D14
Saunders Street 110, B8
Saxe Coburg Street 110, B8
Sciennes 117, D19
Sciennes Place 117, DE19
Sciennes Road 117, D19
Scotland Street 110, C8
Seafield Place 112, B10
Seafield Road 112, B10-C11
Seafield Road East 112, C11, 113, D12
Seafield Street 112, B11
Seafield Way 112, C11, 113, D11
Seaforth Drive 109, D4
Sealcarr Street 109, F1
Seton Place 117, D19
Shaftesbury Park 115, E15-16
Shandon Crescent 115, E15-16
Shandon Place 115, EF15
Shandwick Place 116, B17
Sheriff Brae 111, E6
Shore 111, E7
Shrub Place 111, E7-8
Silverknowes Bank 108, B2-3
Silverknowes Brae 108, B2-3
Silverknowes Crescent 108, B2-3
Silverknowes Drive 108, AB3
Silverknowes Eastway 108, B2-3
Silverknowes Gardens 108, B2-3
Silverknowes Grove 108, B2-3
Silverknowes Hill 108, B2-3
Silverknowes Parkway 108, B2
Silverknowes Place 108, B2
Silverknowes Road 108, A2-B3
Silverknowes Road East 108, B3
Silverknowes Terrace 108, AB3
Silverknowes View 108, B3
Silverknowes-Avenue 108, AB3
Sinclair Place 115, E15
Sir Harry Lauder Road 119, D21-F22
Slateford Green 115, E15
Slateford Road 115, D16-E15
Sleigh Drive 112, AB12
Sloan Street 111, E7
South Beechwood 114, C14
South Bridge 117, D17
South Charlotte Street 116, B17
South Fort Street 111, D6
South Gillsland Road 115, F16, 116, A20
South Gray Street 117, E19
South Laverockbank Avenue 110, C5-6
South Learmonth Gardens 109, F4, 110, A8
South Marionville Avenue 112, AB12
South Meadow Walk 116, C18
South Oswald Road 116, C20, 117, D20
South Trinity Road 110, B6
Southfield Gardens East 119, D22
Southfield Road East 119, D22
Southfield Road West 119, D22
Southfield Square 119, D22
Southfield Terrace 119, D22
Spencer Place 110, B6
Spey Street Middlefield 111, E7
Spey Terrace 111, E7
Spottiswoode Road 116, C19
Spottiswoode Street 116, C19
Spring Gardens 111, F8, 117, F17

Kartenregister 125

Springfield 111, E7
Springfield Street 111, E7
Springvalley Terrace 116, B20
Springwell Place 115, F14, 116, A18
Spylaw Road 115, F16, 116, A19-20
St. Albans Road 117, DE16
St. Andrew Place 111, F6
St. Andrew Square 116, C17
St. Bernard's Row 110, B8
St. Clair Avenue 111, F7
St. Clair Place 111, F7
St. Clair Street 111, F7
St. John's Road 114, A14
St. Leonard's Lane 118, E18
St. Leonard's Street 117, E18
St. Margaret's Road 116, BC3
St. Mary's Place 119, F21
St. Mary's Street 117, D17
St. Patrick Square 117, D18
St. Patrick Street 117, D18
St. Stephen Street 110, B8
St. Teresa Place 115, F15-16, 116, A19-20
St. Thomas Road 117, DE4
St.Leonard's Bank 117, E14
Stable Lane 116, AB16
Stafford Street 116, B17
Stanhope Place 115, F14
Stanley Road 110, C5-6
Stanley Street 119, E21-F22
Stanwell Street 111, E6-7
Stapeley Avenue 112, C12, 113, D12
Starbank Road 110, C5
Station Road 114, A14
Stead's Place 111, E7
Stenhouse Avenue 114, C15
Stenhouse Avenue West 114, B15
Stenhouse Crescent 114, C15-16
Stenhouse Cross 114, C15
Stenhouse Drive 114, B15-C16
Stenhouse Gardens North 114, BC15
Stenhouse Grove 114, BC16
Stenhouse Mill Lane 114, C16
Stenhouse Place East 114, C15
Stenhouse Place West 114, C15-16
Stenhouse Street West 114, B15-16
Stenhouse Terrace 114, C15-16
Stevenson Avenue 115, D15
Stevenson Drive 114, B16-C15, 115, D15
Stevenson Road 115, D15
Stewart Terrace 115, E15
Stewartfield 111, D7
Sth. Barnton Avenue 108, A3
Sth. Clerk Street 117, E18-19
Sth. Elixa Place 118, C21
Stirling Road 110, B5-6
Strachan Road 108, C4
Straiton Place 119, F21
Strathearn Place 116, BC19
Strathearn Road 116, C19
Succoth Avenue 115, E13
Succoth Park 115, DE13
Succoth Place 115, E13
Suffolk Road 117, EF20
Suffolk Road Lane 117, EF20
Summer Place 116, BC3
Summerhall 117, D18-19
Summerside Place 111, D6
Summerside Street 111, D6
Swanfield 111, E6
Sydney Terrace 112, C12

Tantallon Place 117, D19
Tay Street 115, F15, 116, A19
Telferton 113, D12
Telford Drive 109, D4-E3

Telford Road 108, C4, 109, E3
Temple Park Crescent 115, F15, 116, A19
Tennant Street 111, E6-7
Teviot Place 117, D18
The Causeway 118, B22
The Green 108, B3
The Jewel 119, F23
The Paddockholm 114, A14
The Quilts 111, E6
The Wisp 119, E24
thian Road 116, B17-18
Thirlestane Lane 116, C19
Thirlestane Road 116, C19
Thistle Street 116, C17
Thorntree Street 111, EF7
Thorny Bauk 116, B18
Tipperlinn Road 116, A20
Tolboon Wynd 111, EF6
Torphichen Place 116, A18
Torphichen Street 116, B18
Tower Street 111, F6
Trafalgar Lane 111, D6
Traquair Park West 114, A14
Trinity Court 110, B6
Trinity Crescent 110, B5
Trinity Road 110, BC2
Tyler's Acre Avenue 114, A15
Tyler's Acre Gardens 114, A15

Ulster Crescent 118, B21
Ulster Drive 118, BC21
Ulster Gardens 118, C21-22
Ulster Terrace 118, C21-22
Union Street 111, D8
Upper Gray Street 117, E19

Vanburgh Place 111, F7
Vandeleur Avenue 113, D4
Ventnor Terrace 117, EF4
Vexhim Park 119, E23
Victoria Quay 111, E5
Victoria Street 116, C17
Viewcraig Gardens 117, E17-18
Viewforth 116, A18-B19
Vivian Terrace 119, B3

W. Annandale Street 111, D7
W. Mayfield 117, E19
W. Preston Street 117, DE19
W. Savile Road 117, E20
W.Silvermills Lane 110, B8
Waddell Place 111, E7
Wakefield Avenue 113, D12
Walker Street 116, AB17
Wardie Avenue 110, A6
Wardie Crescent 109, F2, 110, A6
Wardie Park 110, A6
Wardie Road 110, B6
Wardieburn Drive 109, F1-2, 110, A5-6
Wardieburn Place West 109, F2
Wardieburn Road 109, F1-2
Wardieburn Street East 109, F1-2
Wardieburn Street West 109, F1-2
Wardieburn Terrace 109, F2
Wardlaw Street 115, E15
Warrender Park Road 116, C19
Warrender Park Terrace 116, C19
Warriston Avenue 110, C7
Warriston Crescent 110, C7
Warriston Drive 110, BC7
Warriston Gardens 110, BC7
Warriston Road 110, C6-7
Water Street 111, F6
Waterfront Avenue 109, E1
Waterfront Gait 108, C2, 109, D2
Waterfront Park 109, D1-2
Waterloo Place 117, D17
Watson Crescent 115, F15, 116, A19
Wauchope Avenue 118, C23, 119, D23

Wauchope Road 119, D23
Wauchope Square 119, D23
Wauchope Terrace 119, D23
Waverley Bridge 117, D17
Waverley Park 117, F17
Wellington Street 111, E8
Wemyss Place 116, B17
Werberside Mews 109, F1
West Approach Road 115, EF14, 116, A18-B17
West Bowling 111, D6
West Bryson Road 115, F15
West Castle 116, A19
West Coates 115, EF14
West End 116, B17
West Fairbrae Drive 114, A16
West Ferryfield 109, F2, 110, A6
West Granton Access 109, D2-E3
West Granton Road 109, D2-E1
West Harbour Road 109, EF1
West Pilton Avenue 109, D3
West Pilton Bank 108, C2, 109, E1
West Pilton Crescent 108, C2, 109, C2
West Pilton Drive 109, D2
West Pilton Gardens 109, D2-3
West Pilton Grove 109, D2-3
West Pilton Park 109, D2
West Pilton Place 109, DE2
West Pilton Street 109, D2
West Pilton Terrace 109, D2
West Port 116, BC18
West Relugas Road 117, D20
West Savile Terrace 117, DE16
West Shore Road 108, C1
West Woods 109, E3
Westbank Street 113, E12
Wester Coates Avenue 115, EF14
Wester Coates Gardens 115, E13-F14
Wester Coates Road 115, F13-14
Wester Coates Terrace 115, E14
Wester Drylaw Avenue 108, C3, 109, D3
Wester Drylaw Drive 108, C3, 109, D4
Wester Drylaw Place 108, C3
Wester Drylaw Row 109, D4
Western Harbour Drive 110, C5-111, D5
Western Harbour Place 110, C5
Westfield Road 115, DE15
Wheatfield Place 115, E15
Wheatfield Road 115, E15
Whitehill Road 119, F24
Whitehouse Loan 116, B19-C4
Whitson Grove 114, C15
Whitson Road 114, C15
Whitson Walk 114, C15
Whitson Way 114, C15
William Street 116, AB1
Willow Park 115, F16, 116, A20
Willowbrae Avenue 118, B21
Willowbrae Road 118, B21-C22
Wilsons Park 119, E221
Wilton Road 117, EF20
Windsor Place 119, EF1
Windsor Street 111, D8
Wolseley Crescent 118, B21
Woodburn Place 116, BC20
Woodburn Terrace 116, B20
Wyvern Park 117, D19-20

Yardheads 111, E6
Yeaman Place 116, A19
York Place 111, D8
York Road 110, B5-C6
Young Street 116, B17

Zetland Place 110, B6

Orts- und Sachregister

Wird ein Begriff mehrfach aufgeführt, verweist die **fett** gedruckte Zahl auf die Hauptnennung, eine *kursive* Zahl auf ein Foto.
Abkürzungen:
Hotel [H]
Restaurant [R]

14 Hart Street [H] 14
7 Gloucester Place [H] 14

Abendgestaltung 34
Akropolis 53
Anreise 100
Apotheken 103
Arthur's Seat 4, *76/77*, 78
Augustinerabtei 59
Auskunft 101
Auto 100, 105

B&B [Bed & Breakfast] 13, **14**
Bahn 100, 106
Bars 35
Behinderte 101
Bevölkerung 92
Black Castle 84
Blue Moon Cafe [R] 22
Bonnie Prince Charlie 79
Botschaften 102
Bourne Arts 74
Bow-Well-Brunnen 56
Bücher 29
Buchtipps 101
Burns Supper [MERIAN-Tipp] 43
Bus 100, 106
Bute House 54

Caddie 64
Cadenhead's [MERIAN-Tipp] *32*, **33**, 78
Cafe Andaluz [R] 18
Café Florentine [R] **22**, 80
Cafés 22
Calton Hill [MERIAN-TopTen] *2*, 53, **54**
Camera Obscura 47
Canongate Kirk **53**, 78
Canongate Toolbooth *72*, *73*
Ceilidhs [MERIAN-Tipp] 39
Charity Shops 26
Charlotte Square 54
Chocolate Tree [R] 26
City Art Centre 69
City Chambers 54
Clarinda's Tearoom [R] 20, 22
Claymore Vegetarian Guesthouse [H] 25
Clubs 36
Connery, Sean 56
Crafts 30

Craigie's Farm 47
Cramond **82**, 84
Cramond Brig [R] 83
Cramond Inn [R] 82
Cramond Island 82, *83*
Cramond Kirk 82

Dalmeny House 84
David Banns [R] 21
Dean Bridge **54**, 81
Dean Village **54**, *80*, 81
Deep Sea World 48
Delikatessen 30
Din Eidyn **54**, 94
Dining Room [R] 21
Diplomatische Vertretungen 102
Diskotheken 36
Dubh Prais [R] 21
Duddingston Loch 79
Dunsapie Loch 79
Dunstane House Hotel [H] 14

Earthy Canonmills 26
Edinburgh Castle [MERIAN-TopTen] *50/51*, 53, **54**, *92*
Edinburgh International Festival 38, **44**
Edinburgh University 55
Edinburgh Whisky Fringe 41
Edinburgh Zoo 48
Einkaufen 28
Einkaufszentren 30
Engine Shed [R] 25
Entfernungen 55
Essen und Trinken 16
Events 22
Eye Two 74

Fahrrad 105
Familientipps 46
Farmer's Market 26, *27*
Feiertage 102
Feis na Gàidhlig [MERIAN-Tipp] 44
Feste 42
Festival Theatre 38
Fettes College 55
Firth of Forth 4, **82**, 84
Flodden Wall **57**, 78
Flugzeug 100
Forest Cafe [R] 21

Forth Bridge 84, *90/91*
Fruitmarket Gallery 74

Galerien 74
Geld 102
Gemächer Maria Stuarts 58
Geografie 92
George Heriot's School 57
Georgian House 69
Geschichte 94
Glenkinchie Distillery 85, *85*
Golf 59, **88**
Gorgie City Farm 48
Grassmarket [MERIAN-TopTen] *10/11*, 56
Grassmarket Hotel [H, MERIAN-Tipp] 15
Greyfriars Bobby 57, *57*
Greyfriars Kirk und Kirkyard 56, *57*
grüner reisen 24

Hanam's [R] 19
Hawes Inn [R] 84
Heart of Midlothian 63
Henderson's [R] 25
High Street Hostel [H] 15
Hogmanay 42, 45
Holyrood 9a [R, MERIAN-Tipp] 21
Holyrood Palace [MERIAN-TopTen] **58**, *58*, 78
Hostels 15
Hotels 13

Inchcolm Island 84
International Climbing Arena 48
Internet 102

James' Court 64
John Knox House 59
Joseph Pearce's [R] 20

Kalpna's [R] 17
Kaufhäuser 30
Khushi's [R] 18
Kilts *28*, *29*, **30**
King's Theatre 38
Kinos 36
Klima 105
Kneipen 35
Konzert 38
Krankenhäuser 103
Krankenversicherung 103
Kulinarisches Lexikon 98
Kunst 31

L'Alba D'Oro [R] **17**, 80
La Favorita [R] 18
Lady Stair's Close 65
Lady Stair's House 73
Le Monde [H] 14
Leith 59

Orts- und Sachregister

Livemusik 37
Loch Fyne Oyster Bar [R] 17
Loch Katrin 89

Marchmont 60
Martin Wishart [R] 20
Mary King's Close 54, **60**
McRae's Organic B&B [H] 25
Meadows 60, *61*
Medizinische Versorgung 103
Melville Monument 66
Mercat Cross 65
Militärmuseum 55
Military Tattoo **44**, 55
Mode 32
Modern Art Galleries **71**, 81
Moray Place **60**, 81
Morningside & Bruntsfield 61
Moubray House 62
Museen 69
Museum of Childhood 49
Museum of Edinburgh 70
Museum on the Mound 70

National Galleries of Scotland [MERIAN-TopTen] 70, *70*
National Gallery Complex 71
National Library 62
National Museum of Scotland [MERIAN-TopTen] 68, 69, **71**
Naturwanderungen 27
Nebenkosten 104
Nelson Monument **53**, 54
Netherbow 59
New Town 4, 53, 54, 61, 63, 67, 69, 70, **80**
North Berwick [MERIAN-Tipp] 47
Notruf 103
Number Ten London Street [H] 15

Öffnungszeiten 103
Old College 55
Old Course [St. Andrews] 88
Old Cramond Brig 83
Open Eye Gallery 74
Our Dynamic Earth 49, *49*

Parliament House 62
Parliament Square 62, **65**
Pentland Hills 4, **79**, 80
Politik 92
Portrait Gallery 69, *70*, **71**
Post 104
Prestonfield House [H] *12*, 13
Princes Street *52*, 63
Princes Street Garden *50/51*, 63

Queen Elizabeth Forest Park 89
Queen's Gallery 59, **72**

Ramsay Garden 63
Rathaus 54
Rauchen 104
Regimental Museum 55
Reisedokumente 104
Reiseknigge 104
Reisezeit 104
Reiterstandbild Charles II. 63
Religion 93
Restaurants 17
Rhubarb [R] 13
Rick's [H] 14
River Almond Walkway 83
Roslin Castle [Roslin] 87
Roslin Glen Country Park 87
Rosslyn Chapel [Roslin] *86*, 87
Royal Botanic Garden [MERIAN-TopTen] 64
Royal Collection 72
Royal Lyceum Theatre 39
Royal Mile [MERIAN-TopTen] 53, *62*, **64**, 78
Royal Museum 72
Royal Scottish Academy 72
Royal Terrace Hotel [H] 14
Royal Yacht Britannia [MERIAN-TopTen] 65, *65*

Salisbury Crags 78
Sandy Bell's *34*, 37
Scotch Malt Whisky Society 21
Scott's Monument 66, *67*
Scottish Gallery 74
Scottish Parliament [MERIAN-TopTen] **66**, 78
Scottish Seabird Centre [MERIAN-Tipp] *46*, 47
Scottish Storytelling Centre 59
Secondhand 33
Sehenswertes 53
Shopping am Grassmarket [MERIAN-Tipp] 56
Silverknowes 82
Smartcity Hostel [H] 15
South Queensferry 84
Sprache 93
Sprachführer 96
St. Andrew Castle [St. Andrews] 88
St. Andrews 88
St. Andrews Square 66
St. Anthony's Chapel *79*, 79
St. Giles' Cathedral 66
St. Rule's Cathedral [St. Andrews] 88
St. Magaret's Chapel 55
Stirling 89

Stirling Castle [Stirling] 89
Stockbridge **67**, 80
Stone of Destiny 54
Strom 104
Surgeon's Hall 73

Tantallon Bed & Breakfast [H] 25
Taxi 106
Telefon 105
The Basement Bar & Restaurant [R] 19
The Bow Bar [MERIAN-Tipp] 35
The Channings [H] 13
The Colonies 67
The Dome 35, *37*
The Howard [H] 13
The People's Story **72** , *73*
The Sandaig [H] 15
The Sheep Heid Inn [R] 78
The Ship on the Shore [R, MERIAN-Tipp] 18
The Stand Comedy Club 39
The Traverse 39
The Witchery [R] *19*, 20
The Writer's Museum 64, **73**
Theater 38
Tolbooth Tavern 41
Trinkgeld 105
Trinkwasser 105
Tron Kirk 78
Trossachs National Park 89
Tweed 33
Two Thin Laddies [R] 22

Übernachten 12
University of Edinburgh 55
University of St. Andrews 88
Usher Hall *38*, 39

Valvona & Crolla 30, *31*
Verkehr 105
Verwaltung 92
Vintage 30
Vorwahlen 105

Water of Leith Walkway 81
Wegzeiten 55
West Highland Way 89
Whisky 29, 33, 35, **40**
Whisky Heritage Centre *40*, 41
Whisky Tasting 41
Whiskybars 35
White Hart Inn 56
Woll- und Strickprodukte **29**, 33
Word of Mouth [R] 22

Zeitverschiebung 106
Zoll 106

128 IMPRESSUM

Liebe Leserinnen und Leser,
vielen Dank, dass Sie sich für einen Titel aus unserer Reihe MERIAN *live!* entschieden haben. Wir freuen uns, Ihre Meinung zu diesem Reiseführer zu erfahren. Bitte schreiben Sie uns an merian-live@travel-house-media.de, wenn Sie Berichtigungen und Ergänzungen haben – und natürlich auch, wenn Ihnen etwas ganz besonders gefällt.

Alle Angaben in diesem Reiseführer sind gewissenhaft geprüft. Preise, Öffnungszeiten usw. können sich aber schnell ändern. Für eventuelle Fehler übernimmt der Verlag keine Haftung.

© 2013 TRAVEL HOUSE MEDIA GmbH, München
MERIAN ist eine eingetragene Marke der GANSKE VERLAGSGRUPPE.

Alle Rechte vorbehalten. Nachdruck, auch auszugsweise, sowie die Verbreitung durch Film, Funk, Fernsehen und Internet, durch fotomechanische Wiedergabe, Tonträger und Datenverarbeitungssysteme jeglicher Art nur mit schriftlicher Genehmigung des Verlages.

BEI INTERESSE AN DIGITALEN DATEN AUS DER MERIAN-KARTOGRAPHIE:
kartographie@travel-house-media.de

BEI INTERESSE AN MASSGESCHNEI-DERTEN MERIAN-PRODUKTEN:
Tel. 0 89/4 50 00 99 12
veronica.reisenegger@travel-house-media.de

BEI INTERESSE AN ANZEIGEN:
KV Kommunalverlag GmbH & Co KG
Tel. 0 89/9 28 09 60
info@kommunal-verlag.de

Ein Unternehmen der
GANSKE VERLAGSGRUPPE

TRAVEL HOUSE MEDIA
Postfach 86 03 66
81630 München
merian-live@travel-house-media.de
www.merian.de

1. Auflage

PROGRAMMLEITUNG
Dr. Stefan Rieß
REDAKTION
Simone Duling
LEKTORAT
Ewald Tange, tangemedia, München
BILDREDAKTION
Lisa Grau, Tobias Schärtl
SCHLUSSREDAKTION
Ulla Thomsen
SATZ
Ewald Tange, tangemedia, München
REIHENGESTALTUNG
Independent Medien Design,
Elke Irnstetter, Mathias Frisch
KARTEN
Gecko-Publishing GmbH
für MERIAN-Kartographie
DRUCK UND BUCHBINDERISCHE VERARBEITUNG
Stürtz Mediendienstleistungen, Würzburg

PEFC/04-31-1404

BILDNACHWEIS

Titelbild (Ausblick von Calton Hill auf Edinburgh), dpa Picture-Alliance: Silke Reents
Bildagentur Huber/Spila Riccardo 50/51 • Bildagentur-Online: SC-Photos 10/11 • Corbis 2, 90/91 • DK images: L. Whitwam 85 • Getty Images: D. Kitwood 49 • laif: A. Multhaupt 16, A. Artz 20, Arcaid/K. Hunter 38, Explorer/P. Le Floch 61,80, G. Haenel 28, 34, 62, Hemispheres/B. Rieger 37, 70, J. Modrow 58, K-H. Raach 86, Le Figaro Magazine/Goisque 40, 92, Loop Images/J. Lorieau 76/77, Polaris/M. Macleod 42 • LOOK-foto 52, 68 • mauritius images: Alamy 8, 9, 12, 19, 31, 65, 73, 79 • Prisma: Zoonar/Frank Bock 67 • Scottish Seabird Centre/Sean Bell 9, 46 • shutterstock: Crepesoles 83, JoffreyM 57 • vario images: Loop Images 27, RHPL 4 • VISUM: R. Niemzig 32